LUCE DEL MIO CUORE
Un viaggio con Amma

In un cuore pieno d'amore vi è un oceano
che culla dolcemente l'esistenza con il moto delle sue onde.

Rumi

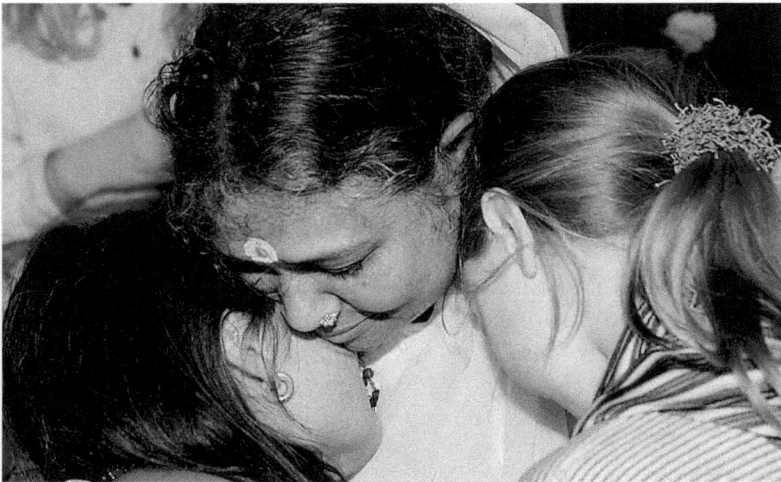

Dedico questo libro ad Amma, la Luce del mio cuore,
e alle mie figlie Andrea e Lisa.

Mata Amritanandamayi Center
San Ramon, CA 94583, Stati Uniti

LUCE DEL MIO CUORE
Un viaggio con Amma

di Anna Prabha Dreier
annapra.dreier@gmail.com

Pubblicato da:
Mata Amritanandamayi Center
P.O. Box 613
San Ramon, CA 94583
Stati Uniti

--------------*Light of my heart – Italian* --------------

Prima edizione: 2020

In India:
www.amritapuri.org
inform@amritapuri.org

In Italia:
www.amma-italia.it
amma-italia@amma-italia.it

INDICE

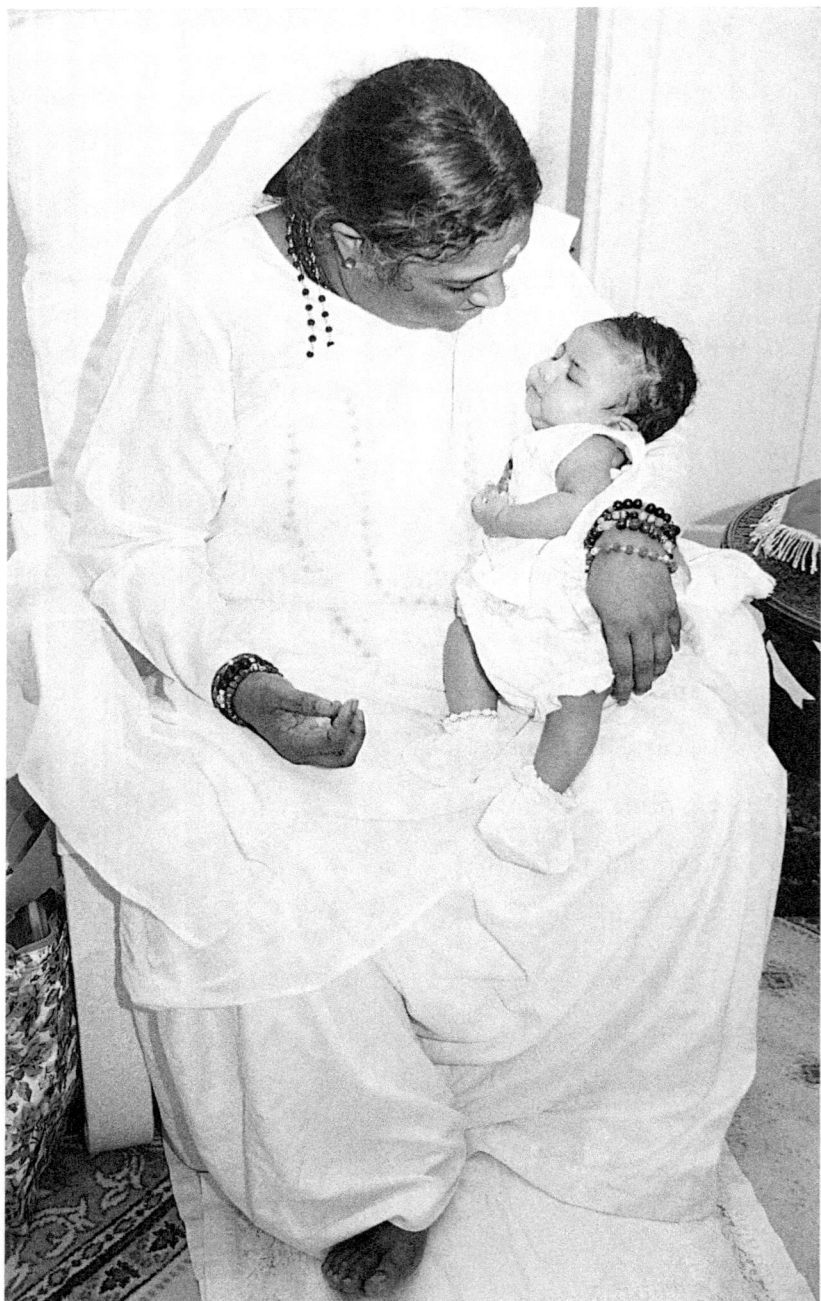

1

PROLOGO

Solo quando le onde si placano
potete vedere il sole riflesso nell'acqua.
Allo stesso modo,
solo quando le onde dei vostri pensieri si placano
potete vedere il vostro Sé.

Amma

Dinanzi a me un foglio bianco che attende le prime parole di questo libro, riportandomi continuamente al momento presente anche se i pensieri volano verso il futuro, intenti a mettere in fila i numerosi fogli che seguiranno, uno dopo l'altro, il foglio bianco sul tavolo. Così, tali pensieri riempiono questi fogli di parole, possibili titoli, inseriscono foto e disperdono con così tanta forza la mia concentrazione che finisco per perdermi e non so più con quali parole avrei voluto iniziare questo libro.

Terribile questo gioco con cui si diverte ogni giorno la mia mente! Le piace farlo e lo fa non solo quando cerco di scrivere un libro. Non mi porta già davanti ai fornelli mentre scelgo le verdure al mercato? Non mi porta già al concerto mentre mi sto facendo confezionare un abito per quell'occasione? Amma dice

Amma da giovane, mentre scrive

che è mio compito disattivare il controllo che la mente ha su di me e renderla la mia serva fedele.

Lavoro incessantemente a questo difficile progetto che richiede la mia totale attenzione, attimo dopo attimo. Spero che scrivere questo libro mi aiuti a focalizzare la mente e, come ci esorta Amma, a riuscire un giorno a tenere il telecomando della mente ben saldo nella mano.

Dal passato mi arriva un suggerimento: ricordo una situazione simile, qualcosa che accadde molto tempo fa. Mi trovavo nel giardino di un centro zen e avevo appena finito d'inchinarmi alla terra. Di fronte a me c'era un vasto terreno di forma circolare, in passato coperto di ghiaia, ma ora infestato da erbacce che spuntavano tra una pietra e l'altra. Avrei dovuto sradicarle finché quell'ampio spazio di parecchi metri quadri non fosse ritornato al suo stato originale: un'area in cui sedere, provvista di tavoli e di sedie.

Pensando al compito che mi era stato assegnato, mi sentivo scoraggiata mentre mi guardavo intorno e cercavo di afferrare tutte le erbacce. Mi stavo chinando silenziosamente quando improvvisamente capii: "Guarda solo una singola pianta, quella che stai toccando e cercando di strappare in questo preciso istante".

Presto la mia energia si era concentrata. Le mani toccarono la terra e la prima erbaccia. La strappai con attenzione, notai le sue radici sottili, scrollai il terriccio che le circondava e la misi nel cestino vicino. Rifeci lo stesso gesto il minuto dopo, l'ora successiva e centinaia di volte quel giorno, l'indomani e così via, fino a quando fu ben visibile la terra ghiaiosa sottostante.

E ora, davanti a me, c'è questo foglio bianco, pronto ad accogliere le mie parole e le mie foto. Innumerevoli fogli seguiranno il primo. Farò del mio meglio per dirigere la mia intera attenzione su un foglio alla volta, quello che si trova davanti a me in questo istante.

Che Amma ci aiuti sempre a restare concentrati su un foglio del libro che è la nostra vita, su quello che viene scritto nel momento presente.

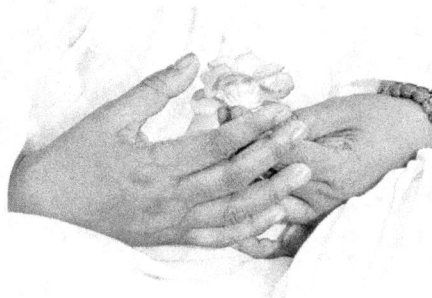

2

BIOGRAFIA

In presenza del Maestro non vi è alcun sforzo.
Lui è lì, semplicemente.
Nella sua energia divina, tutto accade spontaneamente.

Amma

Nel 1953, il giorno in cui apparve nel cielo la stella di Karthika, in una famiglia di pescatori della penisola di Parayakadavu nello stato del Kerala (India del Sud) nacque una bambina. La neonata chiamata Sudhamani, gioiello di ambrosia, sorrise e con grande stupore dei genitori, dei fratelli e delle sorelle, mostrò straordinari segni mentre cresceva. Già a sei mesi Sudhamani era in grado di camminare e parlare e in tenera età cominciò a suonare e a cantare struggenti canti devozionali (*bhajan*) dedicati al Divino.

Gli abitanti del villaggio ricordano che già allora Sudhamani si prendeva affettuosamente cura dei vicini bisognosi. Consolava chi era triste, curava gli ammalati e portava del cibo agli affamati. Senza chiedere il permesso ai genitori, prendeva il riso e le lenticchie da casa e li donava ai poveri. Prendeva anche una porzione di latte da dare loro e poi diluiva con acqua quello rimasto, in modo che la famiglia non si accorgesse di ciò che aveva fatto. Un giorno rubò persino alcuni gioielli materni per offrirli a una famiglia che pativa la fame affinché li potessero vendere e usare il ricavato per comprare cibo e altri beni di prima necessità. I suoi genitori non mostravano alcuna comprensione per queste sue azioni: al contrario, la cosa li irritava tantissimo.

Con i suoi modi compassionevoli, Sudhamani conquistò in poco tempo il cuore degli abitanti del villaggio. Tuttavia la ragazzina era diventata un bel problema per i suoi famigliari, incapaci di capire i suoi profondi ed intensi stati meditativi o la sua abitudine di danzare estatica in pubblico. Per ignoranza, i genitori la punirono parecchie volte. Ciò nonostante, nessuno riuscì a dissuadere Sudhamani dal prendersi cura dei poveri. Con grande dispiacere dei genitori e dei parenti, un giorno abbracciò spontaneamente e confortò una persona molto triste. Nella cultura indiana, il fatto che una dodicenne abbracciasse degli estranei, compresi anziani e persone di altre caste, rappresentava un grande tabù. "Ci fu un tempo", disse Amma in seguito, "in cui la gente mi tirava pietre mentre attraversavo il villaggio". Tutte queste critiche non fecero comunque cambiare idea a Sudhamani.

Quando compì nove anni, la madre si ammalò e la fanciulla dovette lasciare la scuola per occuparsi della famiglia numerosa.

I vicini con Amma, agli inizi

12

Divenne una sorta di serva degli Idamannel: cucinava per i genitori e i loro sette figli, sbrigava le faccende domestiche, puliva e dava da mangiare agli animali, lavorando ogni giorno dall'alba a mezzanotte.

Nonostante lavorasse così duramente e fosse incompresa dalla famiglia, la notte trascorreva molte ore in profonda meditazione e fervente preghiera. Sudhamani adorava Krishna, portava sempre con sé una Sua foto e recitava costantemente il Suo nome. A ventidue anni manifestò un [primo] barlume della beatitudine che scaturisce dalla realizzazione del Sé, dall'unione con il Divino, in cui dimorava.

Era perennemente unita al Divino, a quell'Amore e a quella Compassione che tutto abbracciano. Non si poteva più negare questo suo stato e si diffuse la notizia che la giovane irradiava un amore ultraterreno. Molte persone si radunarono intorno a lei per trovare consolazione e chiederle consiglio. Non essendoci altro luogo in cui andare, la incontravano sulla spiaggia per trascorrere un po' di tempo alla sua santa presenza e trovare sollievo. Sudhamani non si curava delle convenzioni sociali e

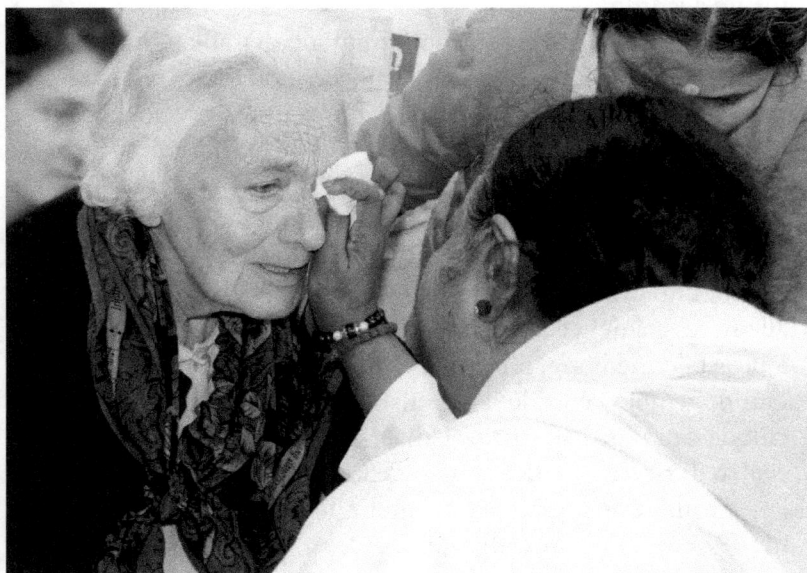

agiva mossa soltanto dall'amore e dalla compassione. Per lei tutte le persone erano uguali. Accettava chiunque e il suo abbraccio compassionevole era un messaggio forte contro le preclusioni sociali basate sulle differenze di casta, di nazionalità e di genere. "Non è possibile mettere sotto chiave l'amore", affermava. Questi suoi modi insoliti suscitarono molta ostilità e, per proteggerla, il padre trasformò la stalla per le mucche in una sorta di tempio dove Sudhamani poteva ricevere il sempre più crescente numero di persone che venivano da lei.

A poco a poco, ricercatori spirituali provenienti da ogni angolo dell'India si recarono a conoscere questa ragazza, figlia di un pescatore, che riusciva a trasportarli in uno stato di profonda pace. Alcuni di loro non vollero lasciare la giovane Sudhamani e rimasero nel villaggio per potere stare in sua presenza. Riconoscendone le qualità uniche, le chiesero di diventare il loro maestro spirituale. Uno di questi giovani, il cui nome attuale è Swami Turiyamritananda Puri, diede ad Amma il nome di "Mata Amritanandamayi", Madre di Beatitudine Immortale, e gli altri suoi compagni, che oggi sono diventati anch'essi monaci, furono tutti d'accordo.

Con grande stupore della famiglia e del villaggio, nel 1979 arrivarono in questa comunità isolata vicino al Mar Arabico i primi ricercatori spirituali occidentali. Per assicurarle un po' di riservatezza, le costruirono un piccolo capanno con il tetto coperto da foglie di palma da cocco intrecciate, segnando in tal modo l'inizio dell'attuale ashram di Amritapuri. (L'ashram è cresciuto e ora può ospitare oltre 3.000 residenti, migliaia di ospiti, un ospedale allopatico, uno ayurvedico e numerosi negozi che vengono incontro alle necessità dei visitatori. Al suo interno vi sono strutture in cui è possibile meditare, fare yoga o altre pratiche simili e anche un grande tempio centrale. Poco distante, sulla terraferma, sorgono cinque campus dell'Amrita University, che comprende anche un centro di ricerca medica situato nella città di Kochi.)

Amma aveva già visitato molte località dell'India quando nel 1987 iniziò i tour all'estero. Adesso veniva semplicemente chiamata "Amma" (Madre) e portava il suo messaggio di compassione, di umile servizio e d'amore al mondo intero.

Ad oggi, Amma ha ispirato migliaia di persone di ogni estrazione sociale. Ministri, scienziati, educatori, star del cinema, i più poveri dei poveri e i più ricchi dei ricchi, tutti le chiedono consiglio. Amma eleva e trasforma attraverso il suo abbraccio, la sua saggezza spirituale e le opere della sua rete umanitaria internazionale composta principalmente da volontari. Gli innumerevoli progetti che intraprende sono di aiuto ai bisognosi, a prescindere dalla religione, dallo stato sociale o dalla casta a cui appartengono. Embracing the World (ETW) è una ONG che ha ricevuto lo stato di consulente del Consiglio Economico e Sociale e del Dipartimento dell'Informazione Pubblica delle Nazioni Unite. Quando le è stato chiesto dove trovi l'energia per aiutare una tale marea di gente ed istituire e gestire un'organizzazione umanitaria di così grandi proporzioni, Amma ha risposto:

"Dove c'è vero Amore non c'è sforzo".

Amma a Tolone, Francia

15

3

VIVI LA TUA VITA

La mia anima è un uccello in volo.
Vola, uccello del paradiso e della terra,
vola nel mondo e dona il tuo canto
senza nessun attaccamento, vola e canta.

Prabha

Se siete nati con un cuore pieno di struggente nostalgia, la vostra vita sarà una ricerca per ritornare a casa, a quella pienezza che è silenzio e al tempo stesso sentimento di reale appartenenza. Il vostro cammino non sarà facile, dovrete nuotare controcorrente, tuffarvi in profondità, lasciar andare ciò che vi piace e non vi piace e sperimentare il dolore e la solitudine. L'ago della vostra bussola interiore non punterà al convenzionale, ma all'eterno nel vostro cuore. Sarà orientato verso il grande mistero che potrete intuire in quei rari momenti che l'universo vi elargirà. Qualsiasi cosa sperimenterete nella vita, dipenderà da voi se rimanere nell'amore e compiere quei passi che vi riporteranno finalmente a casa.

Sono poche le mappe che mostrano la strada che conduce al regno dell'Unione e dell'Unità. La mia è Amma. Lei mi ha permesso di trovarla.

Ho cercato Amma da sempre ma, vi prego, non pensate che stessi cercando una piccola donna indiana vestita di bianco. Cercavo piuttosto uno stato mentale in cui tutti i pensieri sarebbero stati messi a tacere. In quello stato avrei sperimentato la pace e l'amore, un senso di appartenenza e di connessione con l'intero creato. Sin da bambina amavo i luoghi solitari e appartati. Li chiamavo i miei "nascondigli" dove poter stare sola. Li trovavo, ad esempio, sotto il tavolo antico della macchina da cucire nella casa dei miei genitori, dietro i tendoni del soggiorno o nel grande baule portalegna nella cucina della nonna. I boschi erano comunque il mio luogo preferito. Con rami e ramoscelli costruivo piccole capanne o ripari dove mi sistemavo per poter ESSERE. Sedevo nella quiete di quei nascondigli, lasciandomi immergere in uno stato senza pensieri e trasportare lentamente in uno spazio dove tutto era perfetto così com'era. Mi sentivo avvolta da una sensazione d'immensa felicità e provavo un amore incondizionato. Anche se la mia famiglia aveva cercato di ritrarre Dio come un Essere severo e pronto a punire che abita lassù, in cielo, in quei momenti sapevo che Dio era il mio migliore amico. Anzi, l'amico più intimo.

Ero una bambina difficile, difficile da crescere e ancora più difficile da comprendere. Con il passare degli anni ciò che più desideravo era essere come tutti gli altri. Non potevo condividere con nessuno, nemmeno con i miei genitori, quello che provavo in quei momenti nei miei nascondigli. Così sacrificai ciò che era così prezioso per me per integrarmi e condurre la vita ordinaria di una giovane donna. Ecco come mi persi.

Sviluppai diverse competenze, svolsi vari lavori, mi sposai, ebbi due figlie splendide e condussi una vita che molti dei miei amici invidiavano. Si potrebbe dire che avevo raggiunto un'ottima posizione su questo pianeta. Impiegavo i miei talenti nel modo migliore, ma mi sentivo inquieta. Desideravo potermi nutrire, realizzare, trovare la pace. Nulla di quanto sperimentavo colmava il vuoto creato da questo anelito.

Cominciai ad interessarmi alla spiritualità. Provai di tutto: zen, cristianesimo, buddismo e per molti anni feci parte di un cerchio sciamanico. Meditai, lessi, discussi e frequentai seminari con persone che avevano i miei stessi interessi. Lentamente il mio mondo interiore si risvegliò e in alcuni brevi momenti sperimentai la Verità che avevo dimenticato. Il mio anelito crebbe, s'impossessò del mio essere e lottò contro la mancanza di senso della mia vita. Le mie figlie erano cresciute, mio marito aveva trovato un'altra donna e, proprio al momento giusto, Amma entrò nella mia vita.

La vidi per la prima volta sulle montagne svizzere nell'estate del 1989. Un'amica, che aveva già fatto visita ad Amma in India, mi portò in un vecchio e grande edificio di un centro spirituale, situato tra quei monti maestosi. In quel tempio dedicato a Babaji di Haidakhan c'erano solo qualche centinaio di persone. Regnava un'atmosfera gioiosa e leggera, quasi hippy. Si potevano vedere numerose giovani famiglie e bambini nei loro begli abiti estivi. A quei tempi non c'erano file, né biglietti per l'abbraccio, né *time card*. Tra un *bhajan* e l'altro aleggiava una pace meravigliosa e a volte si poteva sentire Amma ridere e dire qualche parola in una lingua sconosciuta. Amma sedeva al bordo di un piccolo palco e abbracciava a lungo ogni persona che si inginocchiava davanti a lei. Noi tutti potevamo ammirare questa scena divina da molto vicino, osservare i suoi occhi scintillanti e il sorriso affascinante. Vedevamo come talvolta, durante l'abbraccio, cantasse insieme agli *swami*, mentre cullava il devoto tra le sue braccia al ritmo della musica, come una madre che dondola il suo bimbo nella culla.

Anch'io mi misi in fila e mi avvicinai a lei. Tempo e spazio persero significato e la mente si acquietò. Il corpo si rilassò nella pace interiore creata dal non avere più pensieri. Mi lasciai pervadere dall'energia di Amma che pulsava dentro di me e sentii di stare nel luogo migliore di questo pianeta, nel momento perfetto. Ricordo di essere quasi fluttuata tra le braccia di Amma ed avere chiuso gli occhi. Durante questo primo abbraccio rivissi quei preziosi momenti di quiete e consapevolezza della mia infanzia. Ero amata, protetta e ricettiva, completamente aperta come l'universo. Sentivo Amma sussurrarmi qualcosa nell'orecchio che assomigliava a "Bonsoir, bonsoir", che in francese significa "Buona sera". All'esterno, il sole del pomeriggio splendeva in quella calda giornata estiva. Ripetei "Bonsoir, bonsoir" in risposta ad Amma, senza guardarla e senza realizzare che lei mi stava sussurrando all'orecchio "Shiva, Shiva". L'intero mio essere divenne profondamente ricettivo e compresi che lei era l'UNO. Amma era tutt'uno con ogni cosa, con l'universo intero e con me. Ero a casa e il mio cuore era in pace.

Ma nel terzo giorno di questo ritiro di cinque giorni tutto cambiò. Fui invasa da una forte inquietudine e dalla diffidenza. Sì, proprio io, che avevo ballato spensierata fino a quel momento nell'energia di Amma. Cosa non andava nella mia mente? Il mio ego era impazzito? I pensieri correvano all'impazzata e mi travolsero, disegnando nella mia mente un quadro desolato e sussurrandomi: "Ti stai facendo intrappolare. Sei caduta nella ragnatela. Verrai morsa e mangiata". Dentro di me si scatenò

Schweibenalp, Svizzera 1992

un'aspra lotta. La mente s'immaginò in pericolo e fece di tutto per allontanarmi dalla miracolosa esperienza del cuore. "Sei una sciamana, non entrare nel mondo di questa donna indiana. Ti perderai completamente". I pensieri mi bombardavano e rimasi completamente senza forze sul campo di battaglia che aveva luogo dentro di me. Rimasi più volte lontano, sulla porta d'ingresso, osservando il fervore di attività intorno ad Amma. Mi mettevo anche davanti allo specchio del bagno fissando il mio riflesso e ripetendo: "Sei una sciamana, sì, ricordati che sei una sciamana".

Irritata e irrequieta cercai la mia piccola tenda. Il mio mondo interiore non era più lo stesso. Tutto ciò che di meraviglioso mi era capitato, adesso doveva fare i conti con le barriere che si erano create da sole e venire a contatto con sogni e paure assopite. Ora il mio mondo interiore era nel caos. Quei pensieri assolutamente incomprensibili acquistarono forza e impeto, attaccando tutto ciò che fino a qualche giorno prima mi aveva dato una sensazione di profonda pienezza. Perché la mia mente non riusciva a lasciar andare quell'immagine di me stessa che mi ero costruita? O forse il mio intelletto aveva ragione? Il buon senso stava cercando di avvertirmi?

Stavo per distendermi sulla stuoia quando una voce mi disse con chiarezza: "La verità ha il suo peso". Il mio corpo diventò immediatamente pesante come a sostenere le parole appena udite e fui inondata da un senso di profondo rilassamento. La battaglia nella mente cessò, i pensieri si dissolsero nel nulla e ogni cellula

Schweibenalo, 1992

del mio corpo venne colmata di vita pulsante. Ero di nuovo alla presenza di Amma, protetta da un abbraccio invisibile. Mi misi a sedere immobile con gli occhi chiusi, come quand'ero bambina, e lasciai che la trasformazione si compisse, la trasformazione da donna sciamana a figlia di Amma.

Quella sera la figlia di Amma appena nata mosse i suoi primi passi dove lei stava dando il darshan. Trovò facilmente posto in terza fila e si sedette sul sacco di iuta che serviva da posto a sedere per ascoltare le parole di Amma e i *bhajan* che seguirono. La sentivo molto vicina. Fui pervasa da una sensazione di intimità e desiderai che mi abbracciasse. Durante le preghiere di chiusura vidi le persone formare due file, una a destra e un'altra a sinistra di Amma, per prendere il darshan. Aspettavano in silenzio il loro turno di essere fra le sue braccia.

Seduta al mio posto, la osservavo tendere le braccia con infinito amore verso ogni persona, abbracciarla e stringerla a sé, sussurrando qualcosa all'orecchio e ponendo sulla fronte di ciascuno della pasta di sandalo. Presto sembrò che le persone dinanzi a me sparissero magicamente e così mi trovai di fronte ad Amma con le braccia aperte per accogliermi.

Chiusi gli occhi: giacevo nuovamente nelle braccia di Amma dimenticando me stessa e mi sentivo profondamente al sicuro. Stavo per abbandonarmi quando improvvisamente una quiete profonda discese in me e attorno a me. Mi sembrava di stare in una camera sotto vuoto, impregnata di una potente vibrazione. Ero completamente immobile, internamente ed esternamente. Confusa per ciò che stava accadendo, aprii gli occhi e guardai negli occhi scuri, teneri e scintillanti di Amma che mi stavano osservando e sembravano dire: "Ecco, questa è la Verità che ha un peso. Non cercare di fuggire, vieni con me in questo viaggio verso il grande mistero racchiuso nel tuo cuore. Fidati di me e io ti guiderò". La seguii.

Quando vidi Amma per la prima volta,
i miei occhi si fissarono nei suoi.
Ma i miei occhi non erano più i miei occhi,
erano il mio cuore, e Amma guardò nel mio cuore.
Ma il mio cuore non era più il mio cuore,
era l'Universo.
E gli occhi di Amma e i miei s'incontrarono.

Prabha

Sul fiordo, in Svezia

La tua vera natura è come il cielo, non come le nuvole.
È come l'oceano, non come le onde.
Il cielo e l'oceano sono come la pura consapevolezza.
Le nuvole e le onde vanno e vengono,
ma il cielo e l'oceano restano
come substrato della loro esistenza.

Amma

4

SEI UN'AQUILA REALE

Un giorno una gallina si mise a covare un uovo d'aquila che si trovava per caso tra le sue uova. L'aquila nacque e crebbe con le galline, raspando il terreno in cerca di vermi. Col passare del tempo, la sua vita era completamente identificata con quella di un comune gallo da cortile.

Un giorno, un'aquila che volava alta nel cielo notò il nostro gallo-aquila tra un gruppo di galline che cercavano vermi nel terreno. Sorpresa, decise di farlo uscire dall'illusione in cui era caduto e un giorno, quando vide che era solo, lo avvicinò. Il gallo-aquila, però, aveva paura di quel grande uccello e voleva scappare. "Sono tuo amico", disse l'aquila del cielo, "Devo dirti qualcosa di molto importante".

Cominciò così a spiegare al gallo-aquila che lui non era un comune animale da cortile, ma un'aquila possente come lei e che poteva librarsi nel cielo.

L'aquila del cielo disse: "Tu non appartieni alla terra, appartieni al cielo vasto e infinito. Vieni con me e prova la beatitudine di volare alto nell'aria. Lo puoi fare perché sei come me, hai le mie stesse capacità".

L'aquila del cielo cercava in tal modo di convincere il gallo-aquila. Inizialmente quest'ultimo non le credette e pensò persino che si trattasse di una trappola.

L'aquila del cielo era però decisa a non rassegnarsi e a poco a poco conquistò la fiducia del gallo-aquila, che alla fine la seguì ad un lago vicino. Rimasero sul bordo dell'acqua e l'aquila del cielo disse al gallo-aquila: "Ora guarda nell'acqua. Guarda il tuo riflesso, nota quanto ci assomigliamo".

Il gallo-aquila guardò nell'acqua limpida e senza increspature. Guardò e guardò ripetutamente, incredulo. Per la prima volta nella vita vedeva la sua vera immagine e adesso sapeva di non assomigliare a un pollo. Sentì una profonda fiducia in se stesso e ubbidì incondizionatamente alle istruzioni dell'aquila. All'inizio ebbe qualche difficoltà a sollevarsi da terra, ma presto si poterono vedere entrambe volteggiare con grazia nel cielo.

Amma è la nostra aquila del cielo, la Madre che ci mostra, giorno dopo giorno, chi siamo in realtà: esseri divini in corpi umani.

Quando ci identifichiamo con il corpo, la mente e l'intelletto, viviamo come il gallo-aquila, ma dentro ognuno di noi giace il tesoro, il Sé. La Compassione, l'Amore e la Luce dell'aquila del cielo stanno aspettando di poter aprire le ali e librarsi con noi nel mondo.

Amma sulla soglia dello chalet a Schweibenalp

5

I PETALI DEL DEVI BHAVA

L'Amore puro scaturisce da una fame insaziabile
e da un profondo desiderio.
L'amore è la vostra vera natura.
Il vostro vero essere è Amore divino
e tutto ciò che esiste è una sua manifestazione.

Amma

Amma mi aveva trovata e io mi sentivo accettata. Il mio cuore era in festa. Nel giardino del mio cuore era arrivata la primavera. Migliaia di fiori delicati erano sbocciati. Inebriata dal loro profumo, dimenticai ciò che avevo dichiarato alla mia amica prima che mi portasse a incontrare Amma. Avevo dichiarato categoricamente: "Voglio solo un Maestro che sia anche severo. Qualcuno sempre amorevole e dolce non fa per me".

Danzavo nell'amore di Amma, una bambina felice senza nessuna preoccupazione al mondo, totalmente ignara che Amma sapeva ciò che avevo detto qualche settimana prima sul Maestro giusto per me. Come avrei potuto saperlo? Non avevo alcuna idea della natura onnipervadente di un Essere come Amma.

Lei conosceva tutto quanto era necessario conoscere di me e scelse una notte di Devi Bhava per cercarmi, avvicinarmi a lei e ricordarmi del mio desiderio di avere un Guru severo. Stavo vivendo un'incantevole notte di Devi Bhava. Amma emanava una forza immensa e una bellezza ultraterrena. Indossava un sari di seta colorata e la corona e sembrava la personificazione dell'energia divina della Devi, la Dea Madre. Il suo corpo vibrava e le cavigliere ai suoi piedi tintinnavano. Vedevo come i devoti si avvicinavano a lei inginocchiati e come lei attirava a sé ogni persona e la abbracciava con totale trasporto. Mentre sussurrava qualcosa all'orecchio delle persone, applicava la pasta di sandalo sulla loro fronte, consolando, tranquillizzando, incoraggiando e guarendo. Tra le sue braccia ognuno era uguale e al sicuro, alla presenza di un Amore sconfinato. I suoi occhi irradiavano raggi di compassione e tutti i suoi movimenti scaturivano con grazia da un centro invisibile. Era un dono divino per l'umanità e si era incarnata per tutti quelli che soffrivano, stavano cercando ed erano assetati. Una diga crollò dentro di me e le lacrime sgorgarono silenziosamente nel flusso del suo amore.

Era lei che avevo aspettato per tutta la vita senza nemmeno saperlo. Mi sentivo pronta a prendere un mantra e a creare un legame indistruttibile con lei. Mi misi in una fila che sembrava infinita e si snodava fino all'esterno del tendone. Com'era difficile

attendere lì per due ore, anche se la notte era calda, il cielo pieno di stelle e le montagne ci circondavano protettive. Impossibile aspettare fuori sapendo che lei sedeva all'interno. Non vedevo l'ora di essere fisicamente alla sua presenza. "È un esame", mi dissi, "Bisogna meritare un tesoro simile". Attesi e attesi e lasciai che mettesse alla prova la mia "pazienza" finché non venne il mio turno per entrare nella luce della presenza di Amma. "Qual è la tua divinità preferita?", mi chiese uno *swami* con le vesti gialle e io risposi che al momento non ne avevo alcuna. Dissi che avrei preferito una divinità femminile e poi m'inginocchiai alla destra della sedia di Amma. Lo *swami* parlò con Amma che mi osservò con attenzione, avvicinò la mia testa a lei e mi sussurrò nell'orecchio alcune parole che non avevo mai udito, ma il cui suono risvegliò un mondo antico dentro di me. Quei suoni nuovi si diffusero interiormente come se volessero impossessarsi di me.

Lo *swami* mi fece capire che Amma desiderava che mi sedessi vicino a lei e ripetessi per tre volte il mantra. Amma indicò un punto alla destra della sua sedia, poi mi mise in mano alcuni petali e lo *swami* mi diede un foglietto di carta. Avrei dovuto leggere ad alta voce il mio mantra e dopo aver pronunciato l'ultima parola offrire i petali. Feci del mio meglio per fare l'impossibile. Le labbra pronunciarono suoni strani, la voce articolò le sillabe e le mani riuscirono in qualche modo a offrire contemporaneamente i petali. Amma seguì con attenzione tutto quello che dicevo e facevo, mi corresse, articolò con chiarezza il mantra e sorrise divertita dalla mia goffaggine. Aveva assunto il ruolo della Madre dell'universo

Petali del Devi Bhava

e mi aveva trasformata in una scolaretta ignorante. Ebbi l'impressione di essere davvero una principiante ed era proprio questo ciò che Amma voleva.

La mia mente era calma, aperta e ricettiva. Tutto quanto accadeva meravigliosamente intorno ad Amma - il flusso del suo amore, la luce nei suoi occhi, il suono della sua voce, le cavigliere ai suoi piedi, lo splendore del suo sari, la corona che indossava, i colori, la musica degli *swami* - turbinava dentro di me come una danza inebriante. Ogni cellula del mio corpo danzava. Dopo aver abbracciato tutti, Amma si alzò con fare solenne e si diresse lentamente verso la parte anteriore del palco. Da un cesto che una donna sorreggeva per lei, Amma prese più volte manciate di petali e li gettò con forza sulla folla dei devoti. Potevo sentire i petali sulla pelle. Ridevo e danzavo. Mi sembrava che i petali si trasformassero in fiocchi di neve che cadevano al rallentatore dal cielo.

Diventai una bambina che danzava e afferrava i fiocchi di neve, ma all'improvviso ebbi la sensazione che un coltello avesse lacerato la guancia destra. Un dolore bruciante si diffuse sul mio volto. Toccai rapidamente la guancia con la mano, aspettandomi di vedere del sangue. Sorpresa, vidi che non ce n'era, ma continuavo a sentire il dolore della ferita. Chi me l'aveva fatta?

Mi guardai intorno per trovare il colpevole e vidi che tutti gli occhi erano felicemente puntati su Amma. Sotto quella doccia di petali, avevo completamente dimenticato la sua forma fisica. La percepivo ovunque, nei petali che si trasformavano in fiocchi di neve, nel cielo dal quale cadevano. Era presente in ognuno di noi, anche nella nostra gioia. Come uscendo da una trance, guardai il palco e gli occhi di Amma.

Per me quegli occhi non stavano più sorridendo. Aveva un'espressione cupa e un sorriso serio sulle labbra. Ero impietrita. Amma mi aveva forse lanciato una manciata di fiori con una tale forza che quei soffici petali mi avevano tagliato? Sì, doveva essere stato così. Amma era là che mi guardava e sembrava dirmi: "Ecco il maestro spirituale che desideravi, qualcuno che non è solamente amorevole ma anche severo. Qualcuno che può usare dei petali per donarti gioia o per ferirti".

Mi sembrò che si stesse trasformando davanti ai miei occhi in un Essere divino. Splendeva come una *murti*, l'idolo che impersona la divinità in un tempio indiano. Questo Essere divino mi guardava da un mondo al quale non avevo accesso.

Improvvisamente le tende del tempio si chiusero, la musica cessò e qualcuno mi disse di sedermi con gli altri in cerchio per ricevere le istruzioni sul mantra. Ma io cosa feci? Corsi nella mia tenda, la smontai in fretta, trovai due giovani che mi diedero un passaggio in auto giù dalla montagna, saltai nella mia auto parcheggiata e mi accinsi a fuggire, a fuggire da ciò che mi chiamava imperiosamente da ogni fibra del corpo, dicendomi che non sarei stata più la stessa Anna. Mi fermai presso un lago lungo la strada verso casa. Quando giunsi sulla riva, i primi raggi del sole avevano appena lambito l'acqua. Era mattino presto e mi trovavo da sola nella natura che stava aprendo gli occhi al sole del mattino. Parcheggiai la macchina sulla sponda e nuotai sotto i raggi del sole che si riflettevano sull'acqua e raggiungevano le fredde profondità del lago.

Più tardi mi sedetti su un grande sasso. Vicino a me un paio di petali galleggiavano sull'acqua, facendomi capire che tutto quanto avevo provato la sera precedente non era un sogno. Tenevo in mano il foglietto che mi aveva dato lo *swami* e recitai il mantra come mi aveva insegnato Amma. Ebbi l'impressione che le montagne, il lago, il cielo e il sole vibrassero in risposta al suono di quelle antiche parole dell'umanità.

Infine andai a casa e trascorsi molte ore girandomi e rigirandomi nel letto insonne prima di ritornare sulle montagne da Amma al tramonto. Quando entrai nella sala, gli *swami* stavano cantando. Improvvisamente mi sentii la benvenuta. Amma stava

abbracciando, abbracciava tutti e persino me, questa sua figlia persa e felicemente ritrovata!

Al termine del programma si congedò da noi e dal quel luogo pittoresco tra le montagne. La macchina in cui sedeva si muoveva lentamente e lei allungò la mano dal finestrino affinché i devoti potessero toccarla. Mentre mi passava accanto rimasi immobile, nel buio del bosco, sola. Le nostre mani si toccarono e due occhi luccicanti incontrarono i miei.

Un attimo dopo non c'era più, eppure riuscivo a percepire la sua presenza al mio fianco. Potevo sentirne il tocco. Lei non era solo il corpo di una donna indiana vestita di bianco. Rimase con me come Amore, la forza che mi fece sbocciare e diede alla mia vita una nuova direzione. Grazie a lei, i rivoli dispersi nel mio paesaggio interiore erano confluiti in un unico ruscello. E questo ruscello continua a crescere e a scorrere senza sosta verso la meta: congiungersi con l'oceano.

Il tempio di Kali in costruzione

6

Verso Amritapuri

Placati cuore mio, placati.
Dal profondo del cuore ascolto il canto della Madre
ed allargo le braccia per danzare nell'Amore.

Prabha

La mia vita in India iniziò nel gennaio del 1990, quando un vecchio aereo dell'Air India atterrò nel piccolo aeroporto di Trivandrum e io partii alla ricerca dell'ashram di Amma, un tragitto interminabile che durò parecchie ore.

C'era un'unica via che portava a quel luogo sacro e il mio attempato taxista impiegò più di mezza giornata per scoprirla. Seduta sul sedile posteriore di quella vecchia Ambassador, mostravo un pezzo di carta bianca con l'indirizzo dell'ashram e la foto di Amma a ogni persona che il mio autista fermava per chiedere informazioni. Non riuscivo a capire una sola parola di quanto veniva detto. Vedevo solo che qualcuno scuoteva la testa che in India significa 'no', mentre altri annuivano e immaginavo significasse 'sì'. A volte qualcuno saliva in macchina, come un ospite non invitato, per poi scendere dopo un paio di chilometri. Alcune delle persone a cui chiedevamo aiuto ci indicavano la direzione opposta. Un giovane sorridente strappò la foto di Amma dal foglio con l'indirizzo. In complesso, tutti sembravano essere più interessati al mio viso occidentale da *madamma* (donna straniera) che al tempio di Amma. Avrei perso completamente la speranza se non fossi stata fermamente convinta che Amma sapeva che stavo arrivando. Lei mi stava aspettando!

Il viaggio lungo la strada polverosa - condivisa con pedoni, carretti trainati da uomini o da buoi, mucche, biciclette, macchine e autobus - dove ognuno manovrava il proprio mezzo in modi inimmaginabili e folli, sembrava interminabile. Mi aggrappavo alla speranza che la direzione generica nella quale ci stavamo muovendo fosse almeno quella giusta.

Era veramente quella giusta perché, all'improvviso, l'autista indicò un cartello stradale: riportava lo stesso nome scritto sul foglietto con l'indirizzo dell'ashram che tenevo saldamente nella mano. Svoltò in una stradina sterrata che portava a un modesto villaggio circondato da boschetti di palma da cocco. Passammo davanti a templi colorati e fiori di loto che sbocciavano negli stagni.

Gli uomini sedevano davanti a semplici negozietti che al tramonto chiudevano con imposte di legno. Le donne trasportavano vasi di metallo luccicanti, colmi d'acqua, attinta al rubinetto comune vicino alla strada, mentre i bambini erano seduti all'aperto, sotto alcuni ripari, a studiare.

La strada s'interruppe bruscamente e, al di là dell'ampio canale delle *backwater* (laguna), vidi la mia destinazione. Le piccole *mandapam* del tetto del tempio sovrastavano le palme da cocco all'ombra delle quali si trovava la dimora di Amma e le case dei pescatori.

Semplici imbarcazioni erano legate alla riva della laguna, che pareva un vasto fiume. Un barcaiolo mi salutò, qualcuno prese il mio bagaglio e presto diventai la principale attrazione della piccola barca che il barcaiolo faceva avanzare spingendo un lungo palo contro il fondale. "Forestiera", sentii dire da donne vestite con sari colorati e uomini con *dhoti* a quadretti. Tutti mi guardavano furtivi, ridacchiavano e a gran voce si chiedevano chi potessi essere e da dove venissi. Ero là, in mezzo ai miei nuovi vicini, nella barca che mi trasportava sull'altra riva, cercando di mantenere un'aria serena e soprattutto di non perdere l'equilibrio.

Attraversando le backwater

Sapevo di stare vivendo un evento simbolico. Nelle Scritture dell'India si afferma che nasciamo per attraversare l'oceano del *samsara*. Questo viaggio ci porta dalla vita nel mondo dominato dalla nostra mente limitata a una vita nel regno del Sé. Adesso toccava a me. Eccomi lì ad attraversare, curiosa ed entusiasta, l'oceano simbolico di questa suggestiva laguna, nella barca di un uomo che indossava un *dhoti* rosso.

Quando arrivai con le mie poche cose e mi trovai davanti a quella struttura imponente, il grande tempio di Amma era ancora in costruzione e l'ashram non si chiamava ancora Amritapuri. Intendevo rimanere tre mesi e vi trascorsi diciassette anni!

Il darshan era già terminato quando salii i gradini del piccolo ufficio in cui registrare il mio arrivo. Era gestito da una residente occidentale, che mi mostrò dove avrei alloggiato nel tempio: il dormitorio Kali. M'informò anche su come vestirmi: abiti lunghi fino alla caviglia e, per pudore, uno scialle sulla camicetta. Acquistai due completi e, dopo averne indossato uno, feci il mio ingresso nel mondo indiano di Amma. Era meraviglioso sentirsi come una bambina in un viaggio di scoperta. Ogni cosa era nuova per me e la mente non riusciva ad etichettarla. Mi guardavo semplicemente intorno, stupita.

Attività quotidiane lungo le backwater

Fra le abitazioni c'erano ampi canali lagunari e laghetti in cui i pescatori si muovevano a fatica sollevando i lori *dhoti*, gettavano reti rudimentali nell'acqua e cercavano di stanare i pesci dalle loro tane battendo rumorosamente le mani. Le semplici abitazioni, fatte soprattutto con fronde di palma, erano disseminate lungo la spiaggia sabbiosa. Le nonne sedevano sulla soglia a osservare i bambini vestiti con poco, mentre le donne in lunghe camicie da notte in cotone indiano cuocevano il cibo e lavavano i piatti all'aperto, dietro casa.

E poi l'oceano! Grandi e antiche barche da pesca riposavano sull'arena fine e scura. I pescatori lavoravano le reti e poi giocavano a carte. La striscia di terra su cui sorgeva l'ashram di Amma era larga poco più di 600 metri e i suoi abitanti vivevano in relativa povertà. C'erano due o tre capanni per il tè fatti di legno vecchio, ma nessun cibo adatto al mio stomaco occidentale. Mi sentivo molto fortunata: potevo comprare dell'acqua da bere nel negozietto dell'ashram e mangiare tre volte al giorno un pasto di riso e curry, seduta in lunghe file assieme ad altri visitatori e residenti nell'ampia mensa.

Un piccolo capanno di latta davanti al tempio fungeva da negozio di libri in cui si vendevano anche foto. Una foto dei piedi di Amma, posati su una stoffa gialla con alcune scritte misteriose sotto l'immagine, catturò la mia attenzione. Ne ero attratta e ancora prima di rendermene conto l'avevo comprata. Misi la foto

Pescatori sulla riva. Oggi, è la spiaggia di Amritapuri, l'ashram di Amma

nel mio diario e scrissi:

"Sono qui, dove la Dea ha posato i Suoi piedi sulla terra".

Poi mi addormentai su un materassino nella parte inferiore di un letto a castello.

Il giorno seguente vidi Amma. Ero seduta per terra nella capanna del darshan insieme a molti indiani e a qualche occidentale. Sulle pareti di legno e di paglia erano appese immagini di santi e di divinità. Una vibrazione intensa aleggiava nell'aria. Tutti i pensieri erano focalizzati su Amma e sulla porticina dalla quale sarebbe entrata di lì a poco. Avevano preparato il posto in cui si sarebbe seduta nella parte anteriore della stanza. Si trattava di un largo letto in stile indiano, coperto da un tessuto dai motivi tradizionali indiani.

La nostra lunga attesa meditativa s'interruppe improvvisamente quando quella preziosa porta si aprì quasi silenziosamente e Amma scivolò leggera nella stanza, portando con sé una corrente di vita pulsante che animò la quiete della capanna. I presenti allungarono il collo. Tutti gli occhi erano fissi su un unico punto: Amma, che aveva già avvicinato a sé il capo della persona più vicina e le stava accarezzando la schiena con lunghi movimenti della mano destra.

Aspettando Amma all'interno della capanna del darshan

Una donna iniziò a cantare accompagnata dall'armonium, mentre noi ripetevamo ogni verso dopo di lei. A volte anche Amma si univa al canto mentre cullava dolcemente e ritmicamente una persona tra le sue braccia. Non avrei mai pensato che anch'io, un giorno, sarei stata una di coloro che cantano per Amma nella capanna, lodando il Divino, in quell'atmosfera celestiale.

I canti, il calore indiano, le persone che attendevano pazientemente e Amma, così vicina a me, tutto questo mi fece dimenticare lo spazio e il tempo. Quando anch'io mi trovai infine tra le braccia di Amma, la mia mente si acquietò per lasciare spazio alla gioia pura. Amma mi cullò tra le sue braccia e giocò con il mio scialle. Sapevo che lo stava facendo solo per permettermi di crogiolarmi nella sua presenza e sciogliermi nel suo abbraccio.

Con una sensazione di pienezza e completezza, uscii dalla capanna e mi sedetti sulla sabbia accanto all'acqua, vicino a dove terminava la capanna in cui lei sedeva. Fra noi, solo la parete della semplice capanna. Con gli occhi chiusi lasciai che il tocco di Amma operasse su di me. Mi sentivo pervadere da un flusso di energia pulsante. La mente era vuota e potevo sentire che tutti coloro che amavo erano con me, nel mio cuore. Erano stati tutti quanti abbracciati assieme a me e benedetti da quell'interminabile fiume d'amore che è Amma!

Io sono la fonte
dalla quale bevete.
Non potete possedermi
ma diventare un tutt'uno con me.

Prabha

Amritapuri vista dalle backwater

7

I PRIMI GIORNI ALL'ASHRAM

Sii la forza della consapevolezza in me, Amma,
affinché sappia, quando la spada di Kali si abbatterà su di me,
che sei Tu che mi stai trasformando in Amore.

Prabha

L'archana del mattino nel tempio di Kali

Un giorno qualcuno mi ha chiesto: "Dimmi, cos'è cambiato in te da quando hai incontrato Amma?". La risposta è stata semplice e spontanea: "Amma mi ha mostrato che sono amata!".

L'incontestabile e innegabile fatto di essere amata e di sentirmi amata fu il primo dono ricevuto da lei e questo cambiò tutta la mia vita. L'amore di Amma creò in me uno spazio di pace. Partendo da questo spazio, quello in cui si è amati, fui in grado di vedere le cose con un certo distacco e da una certa distanza e in tal modo compresi quanto il mondo esterno avesse influenzato la mia vita. Il mio ego, il mio intero essere, era solito reagire prontamente a tutto ciò con cui si confrontava. Si sentiva attaccato, si difendeva, non voleva commettere nessun errore e desiderava apparire sempre buono; voleva il potere. Mi accorsi di essermi trincerata nella prigione che avevo creato. In quel momento, il solo scopo di Amma era farmi uscire da quella prigione, passo dopo passo.

Ad Amritapuri ogni cosa sembrava concepita per mettere in difficoltà il mio ego, e non solo il mio. Amma intende combattere l'ego di chi vive lì e devo confessare che non avrebbe potuto trovare un luogo migliore per farlo. Eccomi quindi là, in mezzo a gente che parlava una lingua che non capivo né sapevo leggere, con il risultato di non poter ricorrere a nessun discorso intelligente o manipolazione che mi favorisse. Dovevo ridefinirmi, partendo da zero. Non sapevo nulla del modo di pensare degli indiani e quindi anche le buone maniere e il concetto di rispettabilità sembravano assumere un volto diverso. Credo di aver inconsapevolmente mancato di osservare o infranto tantissime usanze e regole. Venivo costantemente rimproverata o corretta. Durante la mia prima settimana, l'immagine che avevo di me stessa finì per essere largamente bistrattata e criticata. Molte mie abitudini producevano solo cenni di disapprovazione e nulla di quanto avevo imparato sembrava funzionare. Di conseguenza, fui spietatamente costretta a osservare le mie reazioni e me stessa e trarne le opportune lezioni. Molte negatività ben astutamente celate vennero lentamente alla luce, uscirono allo scoperto.

La collera e l'impazienza sollevarono le loro orribili teste e furono seguite da un senso di superiorità. Riconobbi che mi aspettavo che i residenti dell'ashram si adeguassero ai miei standard elevanti e santi, concetti che mi ero creata nella testa. Poiché non mi sentivo compresa e accettata, cominciai a proiettare ogni tipo di cose vergognose sugli altri.

Non pensavo che perdere l'ego sarebbe stato così. Spesso era davvero brutto e vergognoso vedere gli aspetti negativi della mia personalità e accettarli. Con grande abilità Amma mise a nudo le mie debolezze. Ciò nonostante rimasi e non fuggii. Questo fu possibile solo grazie all'amore puro di Amma e alla sua compassione infinita. Il suo amore e la sua compassione mi permisero di restare connessa con lei a un livello molto profondo. Lei entrò in contatto con quella parte di me che avevo cercato per una vita intera.

"Questo ashram è come una grande barilatrice per levigare pietre", dice spesso Amma, "Nella barilatrice si mettono diverse gemme grezze che vengono lavate, asciugate e fatte ruotare. Cozzano le une contro le altre finché gli spigoli e gli angoli non sono levigati e le gemme cominciano a brillare". Senza dubbio io ero una gemma molto grezza! Insieme ai molti momenti magici vissuti con Amma, anch'io passai attraverso un ciclo di lavaggio di quella macchina!

Quand'ero in Svizzera, il mio lavoro comprendeva la creazione di vari tipi di flauti in bambù. Mi piaceva anche suonarli e ne avevo portato qualcuno con me in India. "Non si sa mai", mi dissi, "Amma potrebbe essere contenta di ascoltare la mia musica. Perché no? Potrebbe persino chiedermi di suonarle qualcosa e potrei addirittura entrare a far parte del gruppo dei suoi musicisti!"

Taglio delle verdure

Ma non fu così. Il servizio disinteressato (*seva*) che mi assegnarono iniziava alle sette del mattino dopo l'*archana* (la recitazione dei 108 nomi di Amma e dei 1.000 nomi della Madre Divina). Dovevo tagliare le verdure per il curry e il *sambar* (salsa a base di verdure, N.d.T.), e questo *seva* mi riservò molte sorprese. Una dozzina di indiani e occidentali sedevano insieme sul pavimento della grande mensa. Davanti a noi c'erano taglieri e grandi coltelli indiani che usavamo per tagliare montagne di verdure.

Il responsabile era un residente più anziano, chiamato rispettosamente *Acchan* (Padre), come tutti gli altri indiani anziani che abitavano nell'ashram. Poiché proveniva da Calicut, era chiamato Calicut Acchan. Sapeva esattamente come bisognava tagliare ogni ortaggio e ne tagliava uno come campione in modo che lo riproducessimo. Per il curry, i pezzi dovevano essere rettangolari, a volte piccoli, a volte grandi. Per l'*avial* dovevamo tagliare le verdure come bastoncini, a volte sottili, altre più spessi. Per il *toren*, bisognava tagliarle in modo estremamente sottile.

Era affascinante lavorare con ortaggi mai visti. Ad esempio, c'era una grande radice marrone chiamata *chena*, o piede di elefante, che è veramente brutta. Prima di toccarla dovevamo ungerci le mani d'olio. La tagliai prima in due e fui sorpresa di vedere che all'interno era di un bellissimo colore brillante come il tramonto. Capii che anche gli esseri umani possono essere così: difficili esternamente e bellissimi internamente! Nel mio cuore sentii la voce di Amma dire: "Non parlare mai male degli altri. Non sai come sono interiormente".

Il mio primo giorno imparai la mia prima lezione sui concetti di TUO e MIO. Ero impegnata a pelare freneticamente le MIE carote per poi tagliarle. In realtà mi stavo dando molto da fare perché volevo essere la più veloce pelatrice di carote del gruppo! Diedi un'occhiata al MIO bel mucchio di carote, lo paragonai a quello degli altri e mi ritenni soddisfatta. Ero nettamente in testa in questa gara di taglio delle verdure immaginata dalla mia mente. All'improvviso fui inorridita quando vidi che tutte le MIE carote erano scomparse! "Chi ha preso le mie carote?"

pensai con rabbia, guardandomi attorno con discrezione. Ah, era stata la giovane indiana seduta accanto a me. Stava tagliando le MIE carote e la sua mano usava con destrezza e grande velocità il coltello. Irritata, mi guardai intorno per vedere se qualcuno avesse notato quel dispetto e solo allora mi accorsi che alcuni di noi, come me, stavano pelando le carote mentre altri, come quella ragazza, le tagliavano. Questo fatto mi rese consapevole di come la mia mente avesse rapidamente trasformato qualcosa d'innocuo e neutro come le carote in MIO e TUO. Allo stesso tempo venni a conoscenza dell'abituale modo di lavorare degli indiani, in cui l'ego è meno coinvolto rispetto a noi occidentali.

Quel giorno mi ero trovata faccia a faccia con la mia competitività interiore. Riconobbi come certi atteggiamenti si fossero insinuati nella mia vita e facessero il bello e il cattivo tempo: sii brava e sarai amata; sii veloce e verrai lodata; sii gentile e piacerai alle persone!

Nel mondo di Amma sono importanti altri valori: l'essere totalmente presente nel qui e ora; focalizzare l'attenzione su quello che si sta facendo; non pensare ai frutti del proprio lavoro. Questi sarebbero stati gli insegnamenti che lei avrebbe impartito e che avrei dovuto seguire svolgendo il *seva*.

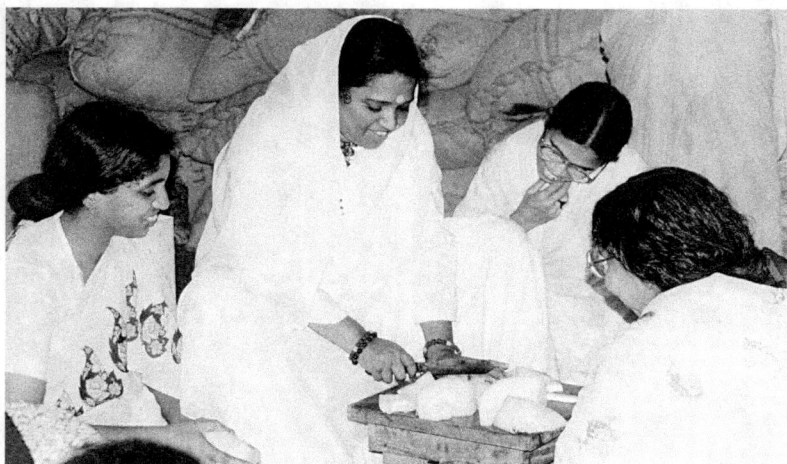

Un aiuto prezioso

Spesso mi ritiravo in una delle stanze ancora in costruzione al quinto piano del tempio e suonavo il mio flauto preferito. Il flauto che avevo realizzato era splendido. A casa, quando improvvisavo un motivetto, la gatta si avvicinava, si strofinava sulla mia gamba e inarcava la schiena al suono della musica. Non avevo ancora abbandonato il desiderio che Amma scoprisse che ero una flautista di talento. Mentre suonavo, immaginai che lei stesse ascoltando la mia musica nella sua camera. Vivevo ancora nella bolla dell'ego e volevo che Amma riconoscesse le mie straordinarie capacità musicali. In effetti, mi sarebbe persino piaciuto che Amma affermasse che la mia musica le ricordava le melodie del flauto del Signore Sri Krishna! Ascoltandola, avrebbe ovviamente pensato a me, la virtuosa, e avrebbe chiesto: "Chi sta suonando così magicamente il flauto?". Con umiltà, l'avrei informata che l'avevo costruito io stessa. Naturalmente mi avrebbe chiamata nella sua stanza per conversare. La storia non finiva con questi sogni egoistici ad occhi aperti, era solo l'inizio.

Incontrai la mia amica Mira nel 1990, durante il tour di Amma nell'India del Nord. Avevo portato un paio di flauti con me.

Il piccolo Krishna di Amma

Nel luogo dove soggiornavamo a Calcutta, mi sedevo e suonavo i flauti, improvvisando. Mira amava sentirmi suonare e veniva ad ascoltarmi. A un certo punto disse che le sarebbe piaciuto imparare a suonare il flauto come me. Poiché non volevo essere egoista, mi venne spontaneo dirle che in tal caso le avrei dato il mio flauto preferito.

Mi pentii subito dopo averlo detto perché vi ero molto affezionata. Così presi un altro flauto, da due soldi, acquistato a un mercato in India e lo diedi a Mira, sperando d'ingannarla e farle credere che si trattava del mio flauto in bambù. Quella sera Mira portò il flauto fasullo da Amma nel tempio, chiedendole di benedirlo. Amma lo fissò a lungo e lo accarezzò amorevolmente. Oggi, ripensandoci, capisco come sapesse molto bene del mio imbroglio. Poi, a un tratto, con aria inorridita e con voce abbastanza alta affinché le sue parole penetrassero dolorosamente nel mio cuore, esclamò: "Oh, ma questo non è un flauto di bambù!".

Era finita. Non ci sono parole per descrivere la mia situazione. Amma è un Maestro e questa fu la prima volta in cui mi prendeva con le mani nel sacco. Con poche parole aveva svelato il mio segreto e mi aveva ridotta a un povero ammasso d'infelicità e di vergogna!

Anche l'avere dato in seguito quel flauto a Mira non mi fece uscire dai guai. Dovevo ancora sperimentare il modo d'agire di Kali. Voleva che ne avessi un'idea e non fu una passeggiata! Davanti a me una terra desolata. Avrei dovuto attraversare quel deserto arido. Non c'era via di scampo. Piansi per tutta la notte del Devi Bhava. Verso la fine m'inginocchiai davanti ad Amma sentendomi così abbattuta, disgustata e malvagia da non sentirmi quasi degna di essere abbracciata. Tuttavia lei mi prese rapidamente tra le sue braccia. Sembrava che la stessa Madre Kali avesse rimosso il mio senso di vergogna e tolto il peso dalle mie spalle. La sillaba "Ma Ma Ma" che mormorava penetrò come una spada nel mio orecchio, come a voler spezzare i ceppi che mi tenevano nell'infelicità. Con quello terminò la mia prima lezione di "attacco all'ego".

L'indomani sedetti a lungo davanti alla statua di Kali che con la sua spada reclama l'ego degli esseri umani. Osservavo la testa mozzata nella Sua mano e mi dissi che avrebbe potuta essere la mia, quella che aveva reciso il giorno prima. La ringraziai dal profondo del cuore, pregandola di concedermi occhi capaci di vedere ciò che lei cercava di mostrarmi. Dopo sei mesi, Mira mi restituì il flauto. Ricorderò sempre questo episodio con Mira e il flauto come un prezioso insegnamento di Amma.

Kali ad Amritapuri

8

Kali,
la notte scorsa mi hai fatto visita
nell'estasi della danza.

La Tua forma scura era il mio corpo,
il Tuo abito rosso i miei vestiti.
La Tua forza mi ha lacerata
e abbattuto ogni confine.
Sono diventata la terra, il cielo,
ho danzato con abbandono per molte vite.

Tu eri il fuoco, Kali, implacabile.
Distruggendo giardini creati con cura,
mi hai promesso una nuova vita libera da ferite.
Mi hai portato al limite
e ho guardato la mia morte.
Senza pelle ho camminato con Te
attraverso la mia paura.

Prima pensavo che Tu fossi la notte,
il buio, il non vissuto in me
che attende la salvezza.
Mi hai mostrato
che sei il Tutto,
puro Amore incondizionato,
capace di uccidere e di riportare in vita,
danzando con Dio.

Prabha

Ragazzi dell'orfanotrofio di Amma

9

DIVENTA UN NULLA E DIVENTERAI UN EROE[1]

Se vuoi trovare la pace nel mondo esterno,
il tuo mondo interiore dev'essere in pace.

Amma

Avevo disperatamente bisogno di un paio di giorni lontano dall'ashram! Tutto era troppo per me. Troppo scomodo, troppo difficile, troppo caldo, troppo questo, troppo quello! Ne avevo fin sopra i capelli e in questi momenti scappare era sempre stato il mio *modus operandi*.

Escogitai ciò che mi sembrò un piano molto intelligente per nascondermi da Amma, anche se in realtà stavo solo cercando di svignarmela. Soddisfatta della mia idea, entrai nella capanna del darshan e attesi pazientemente, con il cuore colmo di speranza, finché arrivò il mio turno per essere abbracciata. Poi, con aria innocente, chiesi ad Amma: "Amma, domani due *brahmacharine* andranno a lavorare all'orfanotrofio. Posso accompagnarle e dare una mano?".

Lei mi guardò profondamente negli occhi e mi chiese: "Puoi farti molto piccola?". "Sì, certamente, Amma" risposi, e poi premetti il pollice e l'indice della mano destra per mostrarle quanto piccola potessi diventare. Si limitò a dirmi: "Allora vai". Il giorno

---

[1]   In inglese "a zero is a hero".

seguente salii sulla vecchia Ambassador, mi rannicchiai nell'ultimo posto d'angolo e chiusi gli occhi, in attesa del viaggio a rotta di collo per le strade affollate dell'India.

Alla fine, all'orfanotrofio l'orfana fui io! Del tutto spaesata, senza alcuna conoscenza della lingua, mi trovai di nuovo a bordo campo. I bambini, comunque, erano contenti di vedermi e mi chiesero di cantare. Mi consolai pensando di essere utile dopotutto e mi sentii anche un po' orgogliosa del mio successo

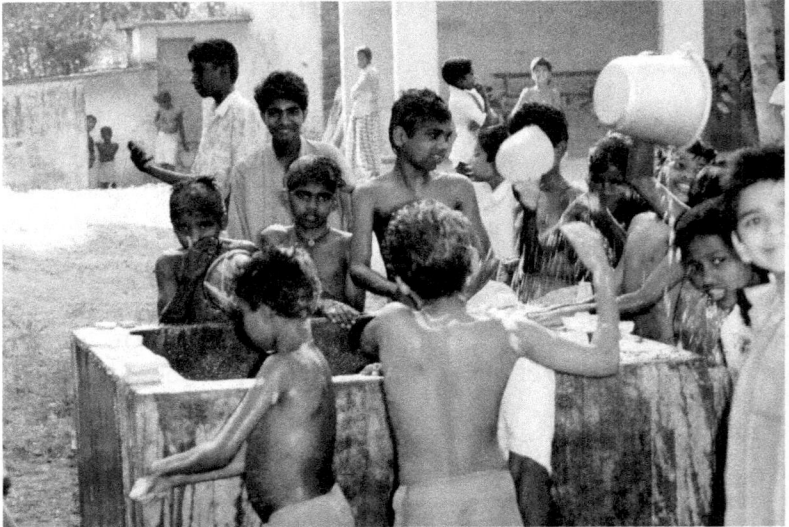

Bagno mattutino nel vecchio orfanotrofio

musicale. Sfortunatamente, realizzai presto che non erano molto interessati al mio canto, ma al dente d'oro che luccicava al sole quando aprivo la bocca per cantare!

Le *brahmacharine* avevano molto da fare e parlavano tra di loro del lavoro da sbrigare. La prima notte andai a letto presto. Mi addormentai in una stanzetta su un vecchio e sottile materassino di paglia, cercando di annegare la mia infelicità nel sonno. Le *brahmacharine*, nel frattempo, parlavano animatamente tra loro nella sala da pranzo. Mi svegliai quando entrarono in camera. Accesero la luce, si sistemarono comodamente sui materassini,

56

sgusciarono delle noccioline e continuarono a mangiare e a chiacchierare.

Vissi in quel modo per tre giorni, come quella inutile! In effetti, se ci ripenso, tutti si comportarono gentilmente con me. Furono la barriera linguistica e le differenze culturali che mi fecero sentire un impiccio, un'inetta perditempo. A poco a poco capii cosa intendesse Amma quando mi aveva chiesto della mia capacità di farmi piccola. Il mio ego non era preparato per una simile potatura e la mia brillante idea di prendermi una vacanza dall'ashram si trasformò in un bel fiasco!

La terza notte l'autista di un automezzo proveniente dall'ashram si fermò all'orfanotrofio per mangiare qualcosa e riposarsi un po' dopo aver guidato sotto la pioggia torrenziale. Radunai le mie poche

Bhajan sulla spiaggia

cose e ritornai rapidamente all'ashram con lui. A causa delle piogge, il nostro viaggio assomigliò più a un viaggio in nave che a uno in camion. L'autista guidò con destrezza senza far alcun incidente fino alle *backwater* vicino all'ashram. Alle tre del mattino svegliammo il barcaiolo per farci traghettare dall'altra parte, mentre l'acqua che scorreva veloce aveva raggiunto l'argine. Nel buio, la corrente trascinava via la barca ed entrambi gli uomini dovettero lottare e aiutarsi per remare e ormeggiare la barca al molo vicino all'ashram. Strisciai fino al mio letto, nella quiete del tempio. Nell'orfanotrofio avevo imparato una lezione, uno degli insegnamenti di Amma: chi diventa un nulla, diventa un eroe. Annullate il vostro ego e diventate un eroe. Amma non mi disse mai niente sulla mia escursione all'orfanotrofio, ma penso di aver fallito anche quel test!

L'indomani, il cielo mattutino era terso e di uno splendido blu. La pioggia intensa aveva trasformato le *backwater*: le rive erano pulite, costellate di isolette di sabbia create dall'acqua e dalle pietre. Pozze simili a lagune riempivano il letto del fiume. Amma ci chiamava per una nuotata! L'annuncio si diffuse come un lampo nel tempio. Era riservata alle donne. Corsi sulla spiaggia, oltrepassai le palme da cocco e raggiunsi l'acqua. Amma era già in acqua con una dozzina di donne occidentali. Si erano tutte tolte il sari e legata la sottogonna attorno al petto. Questo modo di vestire avrebbe dato vita al costume da bagno usato attualmente ad Amritapuri. Feci lo stesso e vidi che Amma stava nuotando e giocando in mezzo alla laguna con alcune di loro. Nell'aria regnava un'incantevole frivolezza e le nostre risate gioiose echeggiavano sull'acqua come una preghiera di gratitudine a Madre Natura, che ci aveva regalato questa rara opportunità di nuotare con Amma.

Feci entrare questa scena felice nel mio profondo. In quella gioia, tutte le sensazioni d'inadeguatezza che avevo provato all'orfanotrofio sfumarono e scomparvero. Mi accorsi con meraviglia che le acque salmastre delle *backwater* si mescolavano all'acqua dolce della pioggia torrenziale della notte precedente. Rimasi felice sul banco di sabbia, osservando chi nuotava vicino ad Amma. In alto, nel cielo blu, le aquile volteggiavano in cerchi irreali e ci osservavano.

All'improvviso divenni molto attenta, come se qualche potente forza mi avesse proiettata nella consapevolezza. Riportai la mia attenzione su Amma, in piedi nell'acqua. Il suo sguardo bruciò la distanza che ci separava e mi raggiunse. Fu come se avesse attivato in me un'allerta. In quel preciso istante vidi una persona vicino a me che affondava. Senza pensarci m'immersi, afferrai un braccio, poi un corpo umano, e lo riportai in superficie. In un batter d'occhio Amma era con noi e prendeva tra le braccia la minuta signora giapponese che avevo tirato fuori dall'acqua. Solo più tardi, quando lessi la storia della donna su Matruvani, il periodico dell'ashram, realizzai di essere stata uno strumento di Amma per salvare una vita.

Danzando con gli orfani

10

Un nome da Amma

Uno è tentato di dire:
"Hai perso tutto!".
Ma non è proprio ciò che conta?
Perdere tutto per trovare tutto?

Prabha

Dopo aver passato quattro mesi all'ashram, era giunta per me l'ora di partire. Il tempo trascorso con Amma mi aveva cambiato la vita. Quand'ero a casa, tenevo corsi per scoprire se stessi suonando strumenti sacri e cantando. Avevo ideato quei corsi da sola e ne stavo preparando uno di livello avanzato. Dopo aver incontrato Amma, il desiderio di farlo era svanito nell'aria. L'unica cosa che volevo era di essere presa sotto la sua ala, vivere e crescere sotto la sua protezione nell'ashram in India. Sentivo di avere trovato la strada giusta per la mia vita. Amma era il mio Maestro. Vivere nell'ashram in India, dove la vita negli anni '90 non era così facile, era l'opportunità perfetta per lavorare su me stessa e svelare il mistero del mio cuore.

La forte connessione che avevo con Amma mi aiutò a fare questo grande passo e a staccarmi dalla sicurezza della mia vita in Svizzera, dal lavoro, e soprattutto dalle mie due figlie adulte che avevo amato più di ogni cosa. Credevo profondamente di avere trovato la strada giusta, certa che tutti coloro che avevo amato erano in buone mani. Confidavo nell'energia divina che si intrecciava in me e attorno a me, ma invece di essere semplicemente grata e felice del meraviglioso corso che la mia vita stava prendendo, volevo di più. E questo di più era un nome spirituale da Amma. Avevo scoperto che qualche occidentale che viveva nell'ashram aveva ricevuto tale dono e pensavo che un nome impartito personalmente da Amma avrebbe approfondito la mia relazione con lei. Beh, almeno avrebbe creato una linea diretta con Amma tra l'India e la Svizzera.

"Più avanti", rispose Amma quando le espressi il mio desiderio. Doveva aver notato le mie molteplici e folli aspettative volteggiare davanti ai suoi occhi! Il mio nome di battesimo era Anna Elizabeth e i miei genitori mi chiamavano Annelies. A 36 anni avevo voluto che mi chiamassero con il mio vero nome, Anna. Le due sillabe di quel nome mi collegavano all'elemento terra e rappresentavano un forte legame con Madre Terra. Immaginate: volevo anche che Amma tenesse ben presente questo concetto quando mi avrebbe dato un nome! Indubbiamente non volevo un nome come Amritapriya, Rema Devi o Ishwari. Volevo qualcosa di breve, preferibilmente con due A. Fui così ignorante e sfacciata nel presentare la mia richiesta che Amma mi diede altri cinque mesi per pensare al significato della parola accettazione. Alla fine, sei mesi dopo, al termine di un Devi Bhava, mentre mi inginocchiavo davanti a lei per ricevere il nome, dissi a Swami Ramakrishna che ero pronta ad accettare qualsiasi nome Amma avrebbe scelto per me.

Amma mi guardò a lungo e io le sorrisi. Poi mi avvicinò a lei e mi sussurrò qualcosa nell'orecchio: "Frafee, Frafee, Frafee". Il suono di quelle parole mi echeggiava ancora nell'orecchio quando Amma si alzò, si diresse verso il bordo del palco e benedì tutti con una pioggia di petali di fiori al crescendo della musica degli *swami*. In un angolo dietro il sipario, Swami Ramakrishna mi chiese: "Qual è il tuo nome?". "Frafee" risposi ancora stordita, e lo sentii ridere. Poi disse: "Tu sei Prabha, lo splendore della Luce divina. Suona come Frafee quando viene pronunciato nel dialetto locale dei pescatori di Parayakadavu".

"Prabha". Mi aveva dato il nome di "Prabha" con l'accento sull'ultima "a". Amma aveva ascoltato le mie preghiere, esaudito i miei desideri e resa felice con un nome breve con due vocali e proprio due A. Per me quel nome era più che ricevere un dottorato universitario o un'iniziazione sacerdotale. Ciò che non realizzai nel mio gioioso delirio fu che ci sarebbe voluto un anno intero prima che Amma mi chiamasse con quel nome.

Le mie aspettative non si erano smorzate, anzi erano quanto mai alte. Il nome indiano risvegliò in me l'orgoglio e invece di riflettere sul significato interiore di quel nome, pensai erroneamente che avrebbe creato un legame più profondo con la mia famiglia spirituale, con Amma. Lasciai trascorrere ore, giorni, senza sintonizzarmi con lo splendore della luce divina che quel nome avrebbe dovuto evocare in me. Amma mi diede tempo, molto tempo, per integrare la luce divina, *prabha*, nella mia vita. Per mesi mi permise di vivere le infinite aspettative della mente che produssero vari scenari, desideri e sogni. Durante quel periodo di apprendimento e di sofferenza rimasi senza nome. Quando Amma si rivolgeva a me era sempre con un TU o mi indicava o mi guardava.

All'epoca nell'ashram c'erano pochi residenti e ogni volta che Amma prendeva la barca per attraversare le *backwater* e recarsi a far visita a una famiglia o a tenere un programma nelle vicinanze, noi la salutavamo sulla banchina. Ricordo un giorno in particolare. Una modesta imbarcazione era legata alla banchina dell'ashram e il barcaiolo stava aspettando Amma. Le persone che viaggiavano con lei erano già sul piccolo autobus parcheggiato dall'altra parte della laguna. Chi di noi rimaneva si era messo in fila sulla sabbia, all'ombra delle palme, lungo il sentiero che lei avrebbe percorso. Riuscivamo a vederla in lontananza mentre a poco a poco si avvicinava. Naturalmente la riconoscemmo all'istante. Solo lei camminava così, animata da una forza formidabile, profondamente in contatto con la terra; al tempo stesso i suoi passi impalpabili non toccavano quasi il terreno. Ci sorrise, attirandoci a sé, avvicinò la punta del naso a noi e inspirò, producendo quel suono così vicino e intimo che ci parve un bacio di arrivederci. Quel giorno rimase davanti a noi occidentali, ci guardò da vicino

In partenza per un programma a Trivandrum

e pronunciò ad alta voce i nostri nomi.

Le mie aspettative s'impennarono! Quello, quello era il momento in cui sarebbe accaduto. Oh, mio Dio! Questo era il grande giorno. Avvicinandosi a me, mi lanciò una breve e rapida occhiata e poi passò alla persona successiva, chiamandola per nome. Rimasi là, impietrita, completamente k.o. Senza fiato, immobile, la guardai salire e restare in piedi sulla barca che la traghettava sull'altra riva, immagine vivente di una Dea che è tutt'uno con gli elementi della natura. Ripensandoci, spero che una gran parte del mio ego se ne sia andata con lei sulle acque verso una nuova riva.

Stavo ferma là, ferita e avvilita, la figlia senza nome che adesso era pronta ad abbandonare le favole che aveva creato intorno al suo nome. Ancora una volta sentii l'appello ad addentrarmi nel suo significato, a fondermi con quella fulgida luce che era il mio vero io celato da una forma. Perché non potevo lasciar andare quei pensieri legati al mio nome? Perché non riuscivo semplice-mente ad osservarli e a proseguire verso ciò che ero realmente? Ci vollero molti altri momenti dolorosi e mesi prima di essere in grado d'integrare il mio sé interiore, quello spazio di luce e amore, coperto dalla mia educazione e dai condizionamenti.

Un anno dopo mi ritrovai con Amma al tour europeo. Ero partita per la Svizzera per vendere e disfarmi dei miei averi. Le mie figlie si tennero l'appartamento arredato, i libri furono spediti alla biblioteca dell'ashram e i miei oggetti personali furono sistemati in un vecchio baule utilizzato per i viaggi oltreoceano. Adesso ero pronta per vivere nell'ashram senza più nessun avere. Scrissi ad Amma una lettera mai spedita in cui si diceva:

Cara Amma,
mi sto trasferendo all'ashram anche se non mi chia-merai mai con il mio nome. Forse hai dimenticato il nome che mi desti nella notte di un Devi Bhava. Non penserò al fatto di non essere chiamata per nome come

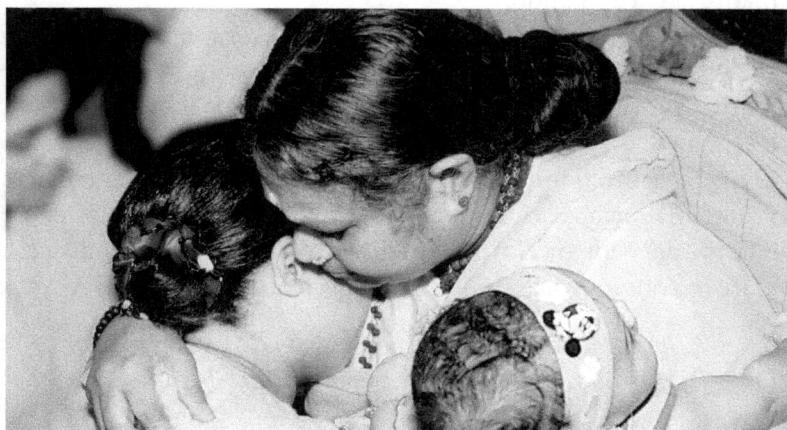

a un'umiliazione o a un rifiuto, e questo fatto non mi
tratterrà dallo stare con te in India.

Prima di partire, strappai la lettera e salii sul treno per Zurigo
dove si teneva il programma di Amma. Il terzo mattino ero in
ginocchio davanti a lei e aiutavo le persone ad avvicinarsi e ad
essere abbracciate da Amma. Erano rimaste poche persone nella
fila quando a un tratto udii la parola "Prabha". Successe così
all'improvviso e inaspettatamente che non sapevo se l'avessi
davvero sentito o immaginato. Continuai ciò che stavo facendo e
lo udii di nuovo per la seconda volta. Lanciai una rapida occhiata
ad Amma. L'aveva pronunciato lei? No, impossibile, stava tenendo
l'ultimo visitatore tra le braccia.

Poi mi chiamò per il darshan. "Prabha", mi sussurrò nell'o-
recchio, "Prabha". Tutte le storie sul mio nome si dissolsero e una
risata liberatoria scaturì dal profondo. Sorpresa, guardai Amma
che continuava a sussurrare il mio nome.

Lo ripeté alzando sempre più la voce e le sue mani disegna-
rono una luce ampia e splendente nell'aria, sopra il mio capo. Le
persone in sala ascoltavano, ridevano e si godevano la scena. Alla
fine mi tenne dinanzi a lei come fossi una bambina piccola e mi
chiamò ripetutamente "Prabhaprabhaprabhaprabha", scuotendomi al tempo stesso come se fossi una piccola con la quale la
madre stava giocando.

Più tardi, mentre pulivo la sala con un sorriso sul volto, capii
che Amma aveva giocato con me per tutto il tempo. Per settimane,
mesi e anni, aveva giocato a nascondino con me. L'aveva fatto finché non ero diventata consapevole della lezione che stava cercando
di insegnarmi. Il mio amore e la mia attenzione dovevano essere
rivolti alla meta, al vivere connessa con il tutto e non all'ottenere
il nome più bello da Amma. Quel "gioco del nome" mi aiutò a crescere in consapevolezza. Ancora oggi ricordo le parole di Amma:

"Connettiti con il Divino ogni giorno e fa' di questo la
cosa più importante che compirai quel giorno".

Amma vestita e ornata come Radha da alcuni devoti

11

Madre Divina,
la Terra è il Tuo grembo,
i cieli stellati la Tua veste,
il vento il Tuo respiro.
Il fuoco consuma il mio cuore.

Madre, mia Stella
che illumini la notte,
la Tua luna
splende luminosa sulle mie ferite.
Il mio grido solitario
echeggia nell'oscurità.

Madre, mio Sole, vieni!
Trasforma il mio deserto
in un campo lussureggiante.
Lascia che io prepari il pane
con i chicchi del Tuo amore!

Prabha

12

Cuoca

Vieni, mostrami il motivo del tuo tessuto.
Voglio cucire il vestito della liberazione.
Mostrami come attraversare
un muro di spine senza corazza.

Prabha

Un giorno fui promossa dal *seva* del taglio verdure a quello di cuoca. La mia cucina era situata sulla sabbia di un cortile dietro il tempietto e rappresentava il luogo ideale per praticare il salto degli ostacoli che s'incontrano nella vita spirituale.

Il cortile della cucina ai vecchi tempi

Cercavo in tutti i modi di essere una "donna che si è fatta da sé", ma in realtà si trattava solo di un'apparenza. Il *sankalpa* di Amma, la sua forte intenzione, era fornire un sostegno amorevole, che fluiva al cento per cento nelle mie capacità culinarie, così che cucinassi come lei avrebbe voluto, senza nessuno spreco.

Grazie a lei, le mie zuppe erano accettabili ogni volta che le preparavo e, benché le realizzassi con qualunque ingrediente mi capitasse tra le mani, imparai molte lezioni, vivendo momenti bellissimi e altri di disperazione. Quel *seva* ridusse il mio ego e lo trasformò.

Cucinare durante un tour dell'India del Nord

All'inizio della mia carriera preparavo una zuppa per diciassette ospiti occidentali dell'ashram, due volte alla settimana. Questa cena sana e deliziosa era disponibile sul ballatoio del tempio di Kali, al termine dei *bhajan* collettivi. Oserei dire che quella zuppa fu la precorritrice di numerose specialità offerte oggi nella caffetteria occidentale (*Western Café*).

Ogni martedì e venerdì costruivo impavida il fornello nel cortile sabbioso, sapendo perfettamente che, quando ne avrei avuto bisogno la volta successiva, non l'avrei trovato, scomparso come per magia. Non indagai mai su quella "magia", mi limitavo a costruirne un altro, sperando in cuor mio di riuscirci e dicendo una preghiera per rimanere centrata mentre scavavo un buco rotondo nel terreno, mettevo la legna e poi sistemavo tre mattoni in cerchio alle estremità. Poi collocavo la pentola simile a una zuppiera sui mattoni e accendevo il fuoco.

Per i miei piatti potevo scegliere qualunque verdura e amavo questo *seva* creativo che riservava sempre sorprese. Spesso, appena terminato il pranzo, guardavo sulle mensole della cucina se c'era qualche ingrediente che avrei potuto usare per la zuppa della sera. Ricevevo complimenti dagli ospiti ma non l'aiuto dei cuochi indiani e molte volte mi sarebbe piaciuto che m'insegnassero un po' di quello che sapevano. Poiché ciò accadeva raramente, dovevo imparare a essere indipendente.

La mia cucina

Mi piaceva preparare il fuoco e conoscevo i vari tipi di legna, avendoli usati quando ero a casa, ma non avevo la più pallida idea di come utilizzare le fronde delle palme da cocco e altra legna indiana che avevo a disposizione. C'era della legna che bruciava rapidamente e le cui fiamme alte danzavano intorno alla mia pentola facendomi trepidare nell'attesa. Presto però notai che, sebbene il fuoco fosse molto vivace, non generava alcun calore. Altri tipi di legna sembravano adatti ma, nonostante tutti i miei tentativi, non riuscivo a farli bruciare. Così dovevo tentare la fortuna ogni volta. Ero molto impegnata a cercare la legna più adatta e a tagliarla. La muovevo strategicamente intorno al fornello sperando intensamente che bruciasse. Fortunatamente la maggior parte delle volte il fuoco si accendeva e con l'aiuto della torcia riuscivo a vedere la zuppa bollire nella pentola.

Spesso il buio calava mentre lavoravo. I *bhajan* provenienti dal tempio echeggiavano in lontananza e la voce di Amma riusciva a raggiungermi. Lei mi scaldava il cuore, mi dava la forza di continuare a controllare con la torcia la zuppa ed a entrare in contatto con il vasto spazio interiore che mi aiutava con il dono della pazienza.

Mi piaceva svolgere questo *seva* perché era ricco di avventure e mi ricordava le favole che avevo letto da bambina. Le favole erano ciò che preferivo in assoluto, le leggevo e rileggevo, scoprendo gli alti e bassi della vita, ed ero affascinata dalle prove e dalle traversie dei protagonisti. La morale della storia era sempre la vittoria del bene sul male e anche una volta divenuta adulta mi devo essere identificata con quella verità. Mi sentivo una cuoca che doveva trionfare sulle diverse prove finché non avrebbe trovato il diamante nel suo cuore. Ero profondamente convinta che Amma fosse completamente consapevole delle mie esperienze, che le orchestrasse persino, e cercavo in tutti i modi di mantenere viva una stretta connessione con lei.

Di tanto in tanto lei appariva inaspettatamente sulla balconata del tempio di Kali dove veniva servita la zuppa. Si sedeva tra le persone che stavano cenando, accettava qualche cucchiaiata di zuppa su un piatto di metallo, la assaggiava e mi consigliava come non sprecare nulla, creare pochissimi rifiuti ed usare il sale con parsimonia perché era nocivo alla salute. Era pura gioia starle così vicina e in modo così amichevole.

Una sera Amma svelò che molto presto avrei cucinato per più di cento persone. Ero seduta vicino a lei e sorrisi, imbarazzata e un po' incredula. Nella mente mi vedevo accovacciata davanti a un fuoco gigantesco mentre con la mia piccola torcia sbirciavo nell'enorme pentolone.

A quel tempo non immaginavo che Amma progettasse di costruire una nuova cucina e che presto mi sarei trovata davanti a un focolaio costruito ad arte a preparare la colazione e la cena per molti ospiti che arrivavano dall'Occidente, e a servirle in una caffetteria improvvisata.

Bene, torniamo alla mia cucina nel cortile e alle donne indiane che amavo nonostante fossimo così diverse. Mi davano la sensazione di essere riuscita a integrarmi un pochino in quella cultura sconosciuta. Lentamente, grazie al nostro *seva*, si creò tra noi un senso di comunità amichevole che andava oltre le differenze culturali. Fu così che imparai a fare il fuoco con le varie parti della palma da cocco. Comparve la legna buona, emersa dal suo nascondiglio, e mentre lavoravamo le sorelle indiane m'insegnavano le parole più importanti che si usano in cucina in malayalam.

Mi sentivo accolta nel gruppo che lavorava nella cucina indiana. Vissi momenti preziosi nei quali mi sentivo parte di questa équipe, accettata e ben inserita.

Quei pensieri alimentarono il mio desiderio di essere amata e popolare. Sin da bambina avevo imparato dalla nonna l'importanza di essere benvoluta e nella nostra famiglia tale qualità era ritenuta essenziale nella vita. Questo stato di cose mi portò a confondere il piacere alle persone con l'essere amata. Per me, piacere agli altri divenne l'aspirazione principale della mia vita, probabilmente perché non avevo provato realmente cosa fosse l'essere amata.

Per mostrarmi molto chiaramente che l'essere popolare si basava su fondamenta alquanto instabili e fragili, che potevano essere manipolate da forze esterne e crollare in qualsiasi momento, Amma orchestrò una storia speciale.

Mi era stato detto di portare la zuppa non venduta nella sala da pranzo, dove i *brahmachari* mangiavano i loro semplici pasti. Lì, si trasformava in una sorta di dessert per i presenti e tutti amavano la mia zuppa. Questi giovani erano felici di avere qualcosa di diverso dal *kanji*, la minestra di riso che mangiavano a cena ogni sera, e spesso ricevevo complimenti e lusinghe. Il barometro della mia popolarità stava salendo di giorno in giorno e mi spinse a compiere qualcosa di disonesto.

Un giorno decisi di mettere un paio di decilitri di zuppa in più nella pentola e, naturalmente, dopo cena, proprio come avevo sperato, avanzò un po' di zuppa. Presi felicemente quegli "avanzi" che avevo creato ed entrai nella sala da pranzo dei *brahmachari*. Stasera avevo qualcosa di delizioso da offrire loro e così mi avrebbero ricambiata con lodi e attenzioni, mi dissi.

Sfortunatamente tutti i miei piani andarono in fumo. Amma mi aspettava in mezzo alla sala, in piedi. Aveva un aspetto davvero imponente e mi guardava mentre stavo lì, con il mio inganno e la mia manipolazione in bella vista. Pareva la statua del giudice sul portale della cattedrale della mia città natale che mi guardava dall'alto. Tese le mani verso la mia zuppiera, la prese e ne scrutò il contenuto, poi mi chiese il mestolo, che a quel tempo era il guscio di una noce di cocco, e distribuì la zuppa tra i presenti come una madre amorevole. La gioia illuminò ogni viso non solo per la deliziosa pietanza, ma soprattutto perché veniva servito da lei. Mentre tutti la gustavano, Amma mi rese la zuppiera vuota. Pacatamente, senza che nessuno udisse una parola, mi disse in modo deciso ed esplicito che il mio dovere era cucinare solo per i visitatori occidentali e che avrei dovuto preparare zuppa sufficiente per nutrire solamente loro. Mai più avanzi. Sgattaiolai via, presa con le mani nel sacco.

Fu solo molto più tardi, dopo molte esperienze che mi aprirono gli occhi, che il desiderio di piacere svanì e imparai quanto fragile possa essere la popolarità. Un'azione, a volte un'unica parola, può distruggerla. Chiunque costruisca su queste fondamenta non avrà mai pace.

Solo quando c'è vero Amore avviene realmente uno scambio e una vicinanza tra gli esseri. Solo se si viene ispirati da questo Amore è possibile un incontro autentico. L'amore vero è l'energia alla cui luce le difficoltà, le discussioni, le incomprensioni e i fallimenti possono emergere e trasformarsi. Questo Amore irradia costantemente da Amma e nella sua luce i nostri cuori iniziano a crescere e ad aprirsi come un fiore stupendo, lambito dai raggi caldi e carezzevoli del sole del mattino.

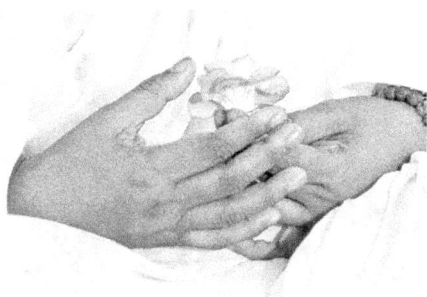

13

IL RACCONTO DELL'ALBERO DI BAMBÙ

Quando costruivo flauti in bambù, sentivo spesso il desiderio di diventare io stessa un flauto, un tubo vuoto in cui suonare e produrre il canto di Dio al mondo. Tuttavia, solo dopo aver letto questa favola compresi quanto ignorassi il dolore che comportava questo viaggio, passare dall'essere legati al tempo all'andare al di là del tempo. Avevo rimosso tale dolore e ingannato me stessa soffermandomi solo sugli aspetti magici e fiabeschi di questo processo di crescita. Adesso che sono più saggia e consapevole, sento scorrere lungo le guance lacrime silenziose di gratitudine. Vorrei condividere con voi una versione ridotta di questa storia e vi devo confessare che non si tratta affatto di una favola.

Tanto tempo fa, proprio al centro del pianeta Terra, c'era un bellissimo giardino in cui la Madre dell'universo amava passeggiare. Tra tutti i cespugli e gli alberi del giardino, il suo favorito era un nobile albero di bambù. Anno dopo anno quel bambù acquisiva straordinaria bellezza ed era sempre più alto ed elegante. Un giorno la Madre Divina si avvicinò pensierosa al bambù, che si inchinò profondamente e con grande reverenza. La Madre Divina l'abbracciò e disse: "Mio adorato bambù, ho bisogno di te".

Sembrava che fosse arrivato il giorno più importante di tutti, il giorno per il quale il bambù era stato creato. L'albero rispose dolcemente: "Madre, sono pronto, usami secondo la tua volontà". "Bambù", disse la Madre Divina, "per poterti utilizzare devo prima tagliarti".

"Tagliarmi? Tagliare me, l'albero del giardino che hai reso più bello? No, ti prego, non farlo. Utilizzami nel modo che preferisci, ma non tagliarmi".

"Caro bambù, se non ti taglio, non posso utilizzarti", disse con tono serio la Madre Divina.

All'improvviso tutto nel giardino si fermò. Il vento trattenne il respiro. Lentamente il bambù si piegò e sussurrò: "Madre, se non puoi usarmi senza tagliarmi, allora... tagliami".

"Mio caro bambù, devo anche spogliarti di tutte le tue foglie e dei tuoi rami".

"Oh no, Ti prego, non distruggere la mia bellezza, Ti prego, risparmia almeno le foglie e i rami", supplicò l'albero.

"Bambù, se non rimuovo anche loro non posso usarti".

Il sole nascose il suo viso. Una farfalla si allontanò con paura dalla scena. Tremando di terrore per quanto stava per accadere, il bambù disse lentamente: "Madre, rimuovili".

"Mio caro bambù, devo fare un'altra cosa. Se non taglio in due lo stelo, non posso usarti".

Questa volta il bambù s'inchinò quietamente verso terra, con accettazione, e rispose:

"Ti prego, tagliami in due".

La Madre Divina iniziò a togliere le foglie e i rami. Lo tagliò in due, lo svuotò fino a giungere al suo cuore, poi con amore prese il bambù tra le braccia e lo portò a una fonte d'acqua sorgiva. Lo appoggiò con cura sul terreno, mise una delle sue estremità alla bocca della sorgente e l'altra a contatto del campo vicino in cui la messe era assetata. La sorgente cantò una canzone di benvenuto al bambù e un'acqua limpida e scintillante cominciò a scorrere felice nel canale che era stato il corpo del bambù, fino ai campi inariditi. Aspettavano l'acqua da così tanto tempo!

Così il bambù diventò una grande benedizione. Quando era alto e bello cresceva solo per se stesso, ma quando si piegò diventò uno strumento della Madre Divina, che lo usò per rendere fertile la Sua terra.

Pomeriggio durante il tour dell'India del Nord

14

SEVA E SAMADHI

Tu,
vento della sera che accarezzi le palme
e sussurri teneramente tra le foglie tremolanti,
la tua mano invisibile guida gli uccelli ai loro nidi
e fa scendere la cortina della notte sul mondo.
Osservo tutto questo, sola.
Lo sai che anelo al tuo tocco?
Canti nel mio cuore, ma non ti sento.
Come posso danzare quando il tuo Amore è lontano?
Mi vedi quando mi passi accanto senza uno sguardo?
L'orlo della tua veste bacia la terra.
Lascia che io sia una goccia dell'acqua che bevi,
un granello di sabbia sotto i tuoi piedi.

Prabha

Nel tempio di Kali c'è ancora oggi una grande campana di ferro i cui suoni stridenti echeggiano nell'ashram poco prima che Amma arrivi per il darshan o che inizi una lezione o durante il canto dell'*arati*. La campana suona anche per richiamare tutti all'*archana* mattutina.

Ha sostituito il monaco che aveva il compito di svegliarci ogni mattino alle quattro e mezza, bussando a ogni porta e dicendo ad alta voce "Namah Shivaya".

Il mio incontro con questa campana del tempio avvenne la prima notte della mia permanenza ad Amritapuri. Suonò intorno a mezzanotte, scuotendomi da un sonno profondo. Aprii la porta della stanza che dava sul ballatoio del tempio e sbirciai dalla balaustra in metallo.

"Amma sta chiamando per il *seva* dei mattoni", sentii dire da una voce maschile. Sporgendomi dalla balaustra vidi a chi apparteneva quella voce, una figura con un *dhoti* bianco che scomparve dall'ingresso posteriore, probabilmente per svegliare gli altri.

Per qualche minuto dovetti rimanere aggrappata alla fredda ringhiera in metallo bianco per orientarmi e svegliarmi del tutto. Mentre accarezzavo con le dita l'artistica balaustra in ferro battuto, mi ricordai del sogno di quella notte che si svolgeva proprio lì. Nel sogno ero appoggiata con la schiena alla balaustra ed Amma era al mio fianco. Mi aveva posizionato in modo che tutta la mia spina dorsale aderisse alla ringhiera mentre lei, in piedi vicino a me, con l'indice premeva delicatamente sul mio corpo in perfetto equilibrio. Cominciai a chinarmi lentamente verso il pavimento rosso della balconata. Quando diminuì la pressione del dito, il mio corpo ritornò nella posizione iniziale. Premette di nuovo e

Il martedì nel tempio di Kali: Amma è seduta a destra.

questa volta mi sporsi verso il pavimento del tempio che si trovava qualche metro sotto. Ogni volta che rischiavo di schiantarmi sulla balconata o sul pavimento del tempio, mi riportava in equilibrio riducendo o aumentando semplicemente la pressione del dito sul mio corpo. Avverto tuttora con chiarezza il forte abbandono e la fede incrollabile in Amma che mostrai in quel sogno. Ero nelle sue mani senza la minima traccia di paura. Il mio abbandono era completo! Non sarebbe stato possibile in uno stato di veglia.

Tornando a quand'ero sulla balconata, ubbidii alla chiamata per il *seva* dei mattoni e uscii dal tempio dalla stessa porta dalla quale era uscito il monaco. Lo sguardo mi cadde sul piccolo cortile di Amma, un quadratino di terra sabbiosa delimitato su due lati da mattoni decorativi. Avevano rimosso i mattoni da un lato e una piccola piattaforma di legno era diventata un ponte improvvisato su una piccola striscia d'acqua. Dall'altra parte, in mezzo al boschetto di palme da cocco, molte persone, disposte in una lunga fila, lavoravano silenziosamente passandosi di mano in mano i mattoni che servivano per costruire il tempio. Quella fila di lavoratori instancabili si snodava lungo la strada che costeggiava l'oceano, attraversava il boschetto di palme e arrivava fino al tempio di Kali. I visitatori e gli abitanti del villaggio formavano, assieme ai cosiddetti residenti dell'ashram, una lunga catena umana. Vicino a me si trovava Amma, che lavorava come tutti gli altri. Dirigeva l'intera operazione e lavorava alacremente affinché i mattoni passassero rapidamente dalle sue mani a quelle della persona seguente, dando loro un rapido darshan!

Stordita per la mancanza di sonno, il mio unico pensiero era stare vicina ad Amma. Lei lasciò che le passassi i mattoni, iniziandomi al mio primo *seva* notturno all'ashram. L'aria era fresca, le onde dell'oceano s'infrangevano impetuose e milioni di stelle punteggiavano il cielo della notte e luccicavano tra le palme.

Ero in paradiso. Mentre passavo un mattone dopo l'altro ad Amma, persi completamente coscienza del mio corpo e dei miei limiti fisici. Fu solo quando, tornando al *seva* dei mattoni dopo avere svolto una commissione per Amma, stavo quasi per cadere in acqua dalla stretta piattaforma di legno, che mi resi conto di quanto fossi spossata. "Aiyo! Siediti!", esclamò Amma, prendendomi per mano e

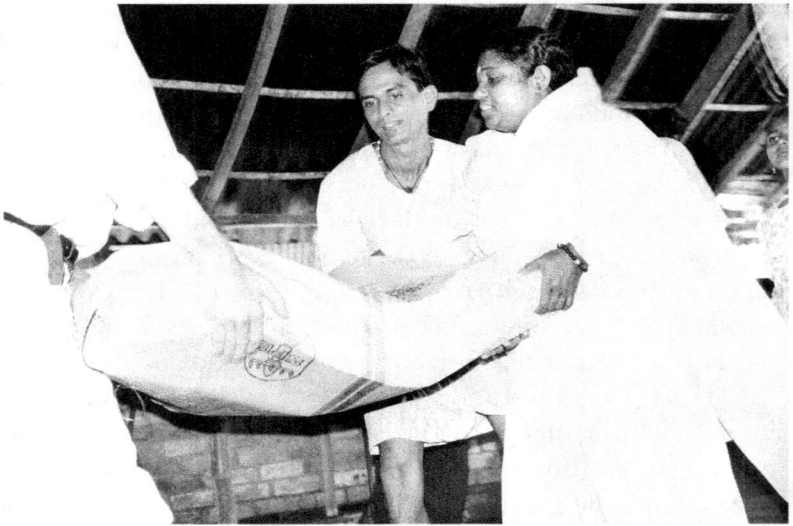

Fornitura di carta per la nostra tipografia

facendomi sedere sotto una palma. Mi sedetti e la guardai lavorare. Una scena affascinante. Stavo nel posto più desiderabile dell'universo e potevo osservare la piccola forma bianca della Madre Divina passare abilmente i mattoni a chi le stava accanto. Era evidente che ogni suo movimento, così perfetto, nasceva da una fonte invisibile che si trovava altrove. La sentivo ridere, dare indicazioni, esortare i volontari ad essere attenti e concentrati; faceva tutto questo con una gioia infinita che sprizzava da ogni poro. Da lei emanava una potente vibrazione che si diffondeva a tutti i presenti e trasformava le nostre azioni da semplice lavoro a servizio santificato per la costruzione del tempio di Amma.

Quando finimmo, ci sedemmo tutti nel piccolo cortile. Amma distribuì a ognuno delle fettine di banana fritte e croccanti (*chips*), che prendeva da un grande recipiente, a cui seguì una tazzina di caffè. Io mi persi il caffè perché, seduta sulla sabbia calda, ero caduta in un sonno beato senza sogni con la testa reclinata sul petto.

Da allora fui sempre presente quando di notte suonava la
campana per il *seva* dei mattoni. Amavo camminare con calma

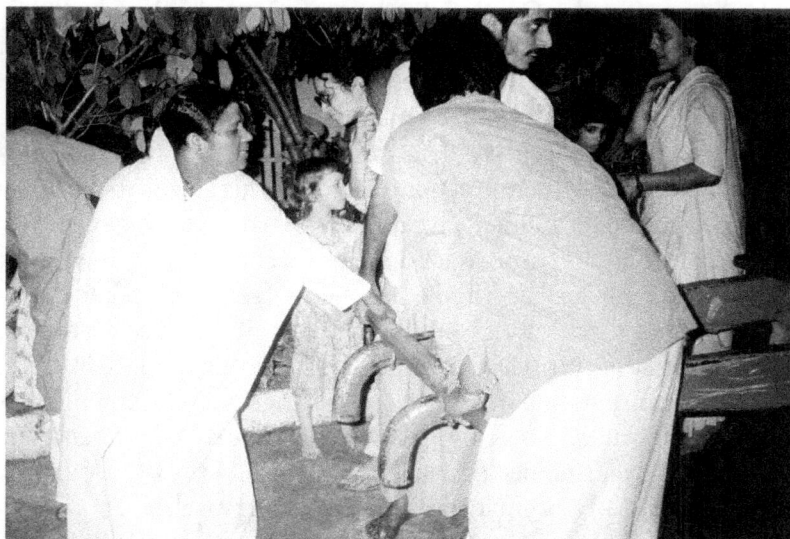

e consapevolezza trasportando i mattoni attraverso il boschetto
di palme da cocco. Recitare il mantra durante il *seva* mi faceva
sentire incredibilmente leggera e imparai a usare, pienamente
concentrata, la mia energia.

Una notte speciale, dopo aver lavorato a lungo, Amma ci invitò
nel suo cortile che fungeva anche da giardino. Il cielo era costellato
di stelle e un vento fresco proveniente dal mare mi accarezzava
i capelli. Amma sedeva su una brandina nel mezzo del cortile,
ridendo e giocando con il cuscino. Lo scosse e lo gettò in aria, tese
le mani e lo afferrò. A volte si metteva il cuscino in testa come una
bambina. Poi si mise a cantare e il suo canto non era solo per noi,
ma anche per la luna, per le stelle e per tutte le creature della terra.
Il vento della notte portò la sua voce nell'universo e nel profondo
del mio cuore.

Al termine del canto, che esprimeva un intenso e struggente
desiderio di Dio, Amma entrò in *samadhi*. Tutt'attorno regnavano
il silenzio e la pace. Sapevamo di doverci allontanare in silenzio,

senza toccarla. Come gli altri, mi alzai intenzionata ad andarmene, ma quando diedi un rapido sguardo ad Amma vidi un raggio di luce emanare da lei. Quello splendore tracciava una linea brillante nella sabbia che terminava dove mi trovavo e toccava il mio piede. Una forza incredibile s'impossessò del mio corpo: la sua energia mi fece cadere in ginocchio e inchinare profondamente. Amma sedeva immobile. Il suo piede minuto riposava in fondo alla brandina. Lentamente e gentilmente, quella forza alzò il mio busto e mi fece poggiare delicatamente il capo sui piedi di Amma. Non avevo più il controllo del corpo, ma i sensi erano completamente all'erta. Mentre le labbra baciavano i piedi di Amma, sentii un'ondata d'infinito amore. La mia vita era entrata in una dimensione senza tempo. Quella stessa forza mi fece inchinare di nuovo e mi rimise in piedi. Come in un sogno guardavo l'immobile figura di Amma mentre sedeva tranquilla. Il raggio di luce era scomparso. Lentamente mi allontanai e rientrai nella mia camera passando per il tempio.

Quella notte non riuscii a dormire, pervasa da un anelito struggente. Cercando sollievo, di primo mattino mi diressi in cucina e cominciai a tagliare le verdure, sperando che il lavoro mi riportasse con i piedi per terra e mi aiutasse ad elaborare quanto era accaduto nella notte. Ma accadde esattamente l'opposto. Questo desiderio divenne sempre più intenso, spingendomi ad errare inquieta per l'ashram.

Amma stava dando il darshan nella capanna. Era un giorno di Devi Bhava e ci si aspettava che i residenti rimanessero in fondo per lasciare posto ai visitatori. Mi diressi verso le *backwater* sull'altro lato dell'ashram per trovare un po' di pace interiore, ma neppure questo migliorò lo stato pietoso in cui ero. All'improvviso sentii che Amma mi chiamava. Mi precipitai verso la capanna del darshan. Ero certa che volesse vedermi e così entrai con sicurezza, facendomi strada tra la fitta folla di visitatori.

Quando mi vide, mi fece cenno di andare al suo fianco e poi pose il mio capo sul suo grembo. Ero tornata a casa, nel luogo in cui la mia confusione interiore poteva avere fine. Più tardi Amma

Vista dai gradini dell'entrata al tempio di Kali

mi chiese di farle aria con un ventaglio di foglie di palma. Rimasi per ore dietro di lei, osservando da vicino centinaia di volti indiani mentre giungevano da lei. Guardandoli, mi sentii pervadere da una grandissima pace, unita a sentimenti di amore e compassione per chiunque. Vidi come i volti delle persone che si recavano al darshan di Amma riflettessero la condizione umana, esprimendo dolore, gioia, confusione e un'infinità di altre emozioni. Quei visi erano segnati dal tempo e dalla vita mentre si abbandonavano nelle braccia di Amma chiedendole aiuto, alla ricerca del suo amore materno e del suo abbraccio. Ma dopo un po' il mio vecchio modo di pensare riaffiorò. In effetti anche questa fu un'altra benedizione perché, probabilmente per la prima volta, divenni consapevole dei miei pensieri. Mentre stavo dietro ad Amma, ebbi l'opportunità di osservare come la mia consapevolezza stesse cambiando lentamente. Potevo vedere come il mio normale stato di consapevolezza con tutti i suoi giudizi personali ed opinioni mi allontanasse dallo stato naturale di amore. Ciò nonostante ero tornata in balìa del pendolo che oscillava incurante nel cielo della mente passando dal sereno al nuvoloso, dal sole alla pioggia, dalla felicità al dolore. E ancora, dall'appagamento al bisogno, dal passato al presente. Altalenò così per ore, giorni e continua a farlo ancora adesso. Di tanto in tanto si ferma per lasciare spazio a quei gloriosi momenti in cui riesco a sfuggire alla sua presa e ad immergermi nell'atemporalità.

15

Lo zaino

Non una grande borsa per il cammino
solo uno zainetto,
e poi nient'altro.
Nella quiete,
Dio e Dio s'incontreranno
nel mio cuore.

Prabha

L'ingresso della mia capanna

Sedevo nella capanna del darshan e aspettavo tranquillamente di ricevere un ultimo abbraccio da Amma prima che partisse per l'Australia. Intendevo restare con i *brahmachari* e le *brahmacharine* nell'ashram divenuto orfano, sapendo che in seguito avrei avuto il privilegio di unirmi al gruppo di Amma a Singapore e viaggiare con lei all'isola della Réunion e alle Mauritius.

La malinconia aleggiava nella penombra della capanna del darshan. Nessuna musica, nessun canto! Quando m'inginocchiai aspettando il mio turno, l'oscurità della notte si stava avvicinando rapidamente. Fissando le immagini dei vari santi appese alle pareti, fatte di legno e foglie di palma, mi avvicinai lentamente ad Amma. Ben presto mi trovai tra le sue braccia, le dissi arrivederci e ricevetti le sue benedizioni. Amma sembrava preoccupata quando mi prostrai davanti a lei al termine del darshan. Rapidamente mi prese di nuovo tra le sue braccia e mi diede un secondo lunghissimo abbraccio.

In seguito mi coricai sul pavimento della mia capanna nella quale mi ero trasferita il giorno precedente. Essendo priva di porta, riuscivo a vedere i riflessi delle torce nel boschetto di palme da cocco che si estendevano lungo tutta la strada fino al mare. Tra la sabbia e gli alberi, Amma e gli *swami* si stavano dirigendo verso le macchine che li avrebbero portati all'aeroporto. Vidi i fari attraverso le palme, udii il rumore di accensione dei motori e delle auto che partivano e poi non c'erano più.

Sentii il ruggito delle onde che s'infrangevano sulla spiaggia e il rumore del tuono, vidi le luci di un'infinità di lucciole brillare nel buio e mi addormentai sulla stuoia sottile della mia nuova casa. Ero la prima inquilina di quell'abitazione tradizionale e rudimentale con tre stanze, costruita con fronde di palma. L'intera struttura poggiava su pilastri di cemento. La mia stanza era vicino a uno dei canali.

L'indomani mi svegliai con la febbre alta. Ero sola. Le ragazze indiane non si erano ancora trasferite nelle due stanze vicine perché Amma era andata via e le stanze, che si affacciavano sulla spiaggia vicino all'acqua, non avevano porte. Dormii per tutto

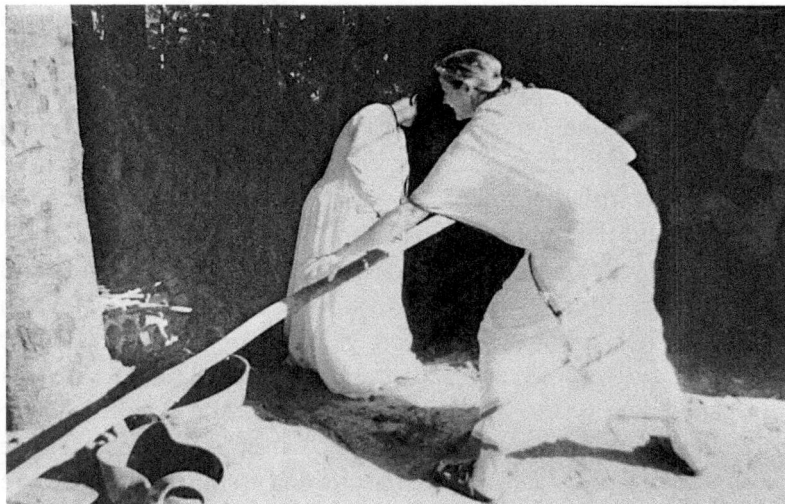

Lavorando con Amma

il giorno, bevvi dell'acqua dalla bottiglia e cercai d'informare delle mie condizioni il medico tedesco che viveva con la moglie e i due bambini piccoli nel tempio di Kali. Venne nella capanna il giorno seguente. Dopo avermi osservata con fare clinico e distaccato pensò, senza nemmeno visitarmi, che mi sarei rimessa in un paio di giorni.

Nei due giorni seguenti la febbre era sempre alta e cominciai a delirare. Di tanto in tanto qualcuno passava di lì, ma se ne andava subito senza potermi aiutare non sapendo cosa fare. Giacevo stordita, sentivo i ragni e le blatte muoversi tra le foglie delle palme appena intrecciate, che erano le pareti della mia stanza. A volte sentivo una lingua ruvida leccarmi le gambe. Grassi ratti, grossi come i gatti indiani, leccavano il mio sudore. La mia stanza era stata costruita sul loro territorio e, poiché non vi era una porta, avevano libero accesso al mio capezzale.

La loro presenza e quella di altri ospiti del regno animale smisero di disturbarmi. Sprofondai in uno stato fuori dallo spazio, quieto e piacevole, avvertivo con chiarezza la presenza di Amma ed ero immersa nella luce. Il terzo giorno, quando una giovane donna venne a controllare come stavo, mi sentii dire: "Se non prendo degli antibiotici adesso, dopo sarà troppo tardi". Bene, il dottore tornò di nuovo e scoppiò il finimondo. Tutti erano nel panico tranne me. Mi ero lentamente allontanata dall'ansia e dal dolore ed ero scivolata in uno stato in cui la mente era assente.

Venni immediatamente trasferita nel dormitorio vuoto al primo piano del tempio e mi misero sotto terapia. Un "gruppo di infermieri" creatosi frettolosamente mi dava da bere ogni quarto d'ora. A volte, poiché protestavo e mi ribellavo, dovevano praticamente cacciarmi l'acqua in gola.

Oggi tutto questo non accadrebbe perché adesso l'ashram ha un ospedale, professionisti sanitari qualificati e terapie endovenose per casi come il mio. A quel tempo però non ero una paziente compiacente: non volevo essere toccata da nessuno e neppure bere. Rifiutai tutte le offerte di aiuto perché desideravo restare nello stato in cui fluttuavo senza peso e non essere disturbata.

Lentamente uscii dal delirio. I pensieri tornarono ad affacciarsi nella mente e con loro il passato e soprattutto il futuro. Mi ricordai di avere progettato d'incontrare Amma e immediatamente mi trasformai in una paziente docile e obbediente, il cui unico obiettivo era recarsi a Singapore!

Sebbene fossi diventata debole e magra, mi misi d'impegno per recuperare e quando l'autista aprì la porta del piccolo autobus che ci avrebbe portati all'aeroporto c'ero anch'io. La partenza fu ritardata da un piccolo contrattempo. Un'americana si era procurata una distorsione ad un piede ed era in stampelle. Cercava disperatamente qualcuno che le portasse lo zaino stracolmo. Nonostante l'avesse chiesto a più persone, nessuno era disposto ad aggiungere un peso a quello che già portava. Allungai la mano ed afferrai lo zaino anche se, nello stato in cui ero, riuscivo a malapena a prendermi cura del mio bagaglio. Comunque il problema venne risolto e partimmo per l'aeroporto, ci imbarcammo sul volo e atterrammo sani e salvi a Singapore.

Amma era già seduta nell'aereo diretto alle Mauritius e ci guardava mentre cercavamo di sistemarci nei posti vicino a lei.

Sull'aereo

Quando mi vide, il sorriso sul suo viso fu sostituito da una sguardo preoccupato e indicò con dei gesti il mio corpo emaciato e mimò il mio aspetto debole.

Sbalordita, mi guardò mentre restituivo alla donna americana il suo zaino e poi, facendo appello al mio ultimo grammo di forza, sistemai il mio nella cappelliera. Alle Mauritius il gioco degli zaini continuò, ma in modo opposto. Afferrai i due zaini e, barcollando con tutto quel peso, li depositai in un angolo della sala d'aspetto e corsi da Amma. Aveva appena cominciato ad abbracciare chi si era unito recentemente al tour e finì per abbracciare praticamente anche l'intero personale di terra dell'aeroporto!

Mentre annunciavano l'imbarco agli altoparlanti, Amma si alzò per prima. Eravamo tutti sorpresi perché di solito rimane fino all'ultimo minuto con i devoti che vengono a vederla partire. La osservavamo mentre avanzava decisa e a grandi passi verso l'angolo dove avevo depositato lo zaino della donna americana. Si chinò, lo raccolse, se lo mise in spalla e camminò verso il cancello d'imbarco. Immediatamente uno sciame di aiutanti si

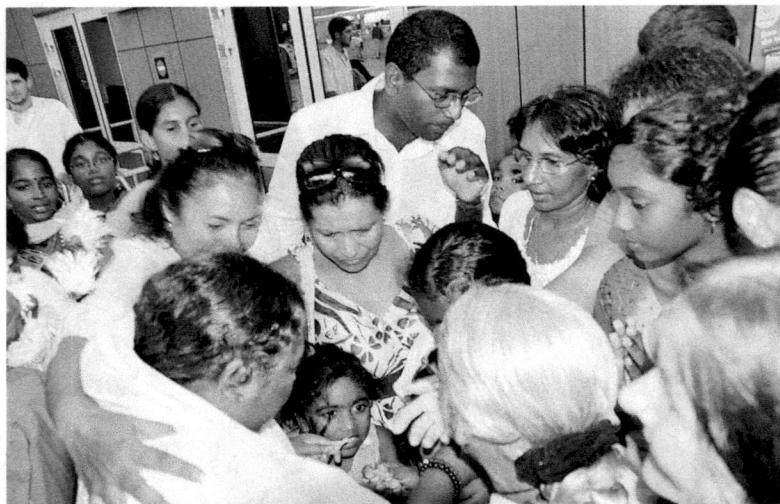

Arrivo a La Réunion

radunò intorno a lei. Molte mani si fecero avanti per prendere lo zaino pesante dalla sua spalla, ma lei rifiutò ogni aiuto e portò lo zaino sull'aereo.

In quel modo fece vergognare chiunque era rimasto cieco e sordo alla richiesta di aiuto della donna americana. In quella sala di aspetto, Amma dimostrò come sempre con il suo esempio, invece che con le parole, che anche il più piccolo aiuto e servizio può avere un grande impatto. Amma dice ripetutamente che potremmo non essere sempre in grado di aiutare economicamente gli altri, ma ognuno di noi può donare un sorriso, una parola amorevole, un piccolo aiuto o prestare la massima attenzione agli altri.

Mentre Amma portava lo zaino, ebbi la sensazione che lei sapesse tutto di me, che fosse più vicina a me di quanto io lo fossi a me stessa, sempre pronta a portare il mio fardello interiore. Così mi chiesi: "Mi sta accompagnando sulla strada che ho scelto di percorrere o sto percorrendo la strada che è già stata prevista per me? Sta guidando le mie azioni o mi osserva per assicurarsi che faccia ogni passo nella direzione giusta?".

In tali momenti, vedo Amma come la forza vitale dell'universo, la consapevolezza eterna presente in ogni aspetto della mia esistenza, che crea costantemente nuove situazioni per farmi crescere e procedere nel mio cammino interiore verso la vera sorgente, il vero nucleo del mio essere.

La Madre interiore è priva delle qualità esteriori. È silenzio, pura consapevolezza. Non ci si può nemmeno rivolgere a questa silenziosa Madre interiore chiamandola "Madre" perché questo è solo un nome. Nello stato di suprema consapevolezza in cui dimora la Madre interiore non esistono nomi né forme.

Amma

16

TÈ A MEZZANOTTE

Nel cuore del labirinto con spesse mura
brilla l'oro del tuo Amore.
Lascia che io sia beatitudine,

per un attimo o per l'eternità.

Prabha

Nel corso degli anni il numero e il tipo di persone che apprezzavano la mia cucina aumentò, insieme alla mia collezione di pentole e alle responsabilità. Trascorrevo molto tempo in cucina. Mentre lavoravo, osservavo come i residenti dell'ashram e gli ospiti meditassero con Amma, facessero piccoli e inaspettati *seva* in sua presenza o semplicemente la accompagnassero per una passeggiata nell'ashram, euforici alla prospettiva di vivere il *lila* o l'avventura piacevole che accade spontaneamente intorno a lei.

Spesso mi era molto difficile sapere che Amma era altrove mentre io mi trovavo in cucina, davanti alle mie pentole, e mi ci volle un bel po' di autocontrollo e senso di responsabilità per non lasciar perdere tutto e seguirla. Facevo del mio meglio per focalizzarmi sul mio compito. Spesso, durante un *seva* notturno, facevo una capatina in cucina a preparare la cagliata per l'indomani o a mettere in ammollo le lenticchie. In tal modo sviluppai presto la capacità di continuare le mie attività dormendo pochissimo.

Una volta, era passata la mezzanotte e il Devi Bhava era già finito, Swamiji venne da me e disse con noncuranza: "Preparati, Amma potrebbe chiamarti".

Non avevo ancora assimilato la notizia quando un messaggio volò di bocca in bocca attraverso il tempio, veloce come delle pedine di domino che cadono una dopo l'altra, finché non mi raggiunse: "Amma sta chiamando Prabha". Il cuore batteva veloce mentre salivo i gradini che conducevano alla stanza di Amma. Entrai in quel minuscolo vano e la vidi, seduta sul pavimento mentre giocava come una bambina con alcuni bicchieri di metallo e una caraffa d'acqua. Aveva creato quell'intera scena solo per me, per farmi felice. Con quel gioco ingenuo, nonostante o forse per la mia mancata dimestichezza con il malayalam, voleva mostrarmi come fare una buona tazza di tè.

Mi sedetti vicino a lei e mi trasformai presto, senza timidezza, come se fosse molto naturale, in una bimba innocente e giocosa. Ero immersa in un mondo completamente nuovo, sorto da quel meraviglioso momento.

Amma riempì d'acqua tre bicchieri, li mise in fila davanti a lei e indicando con l'indice ognuno di essi, li contò ad alta voce: "Un bicchiere, due bicchieri, tre bicchieri". Come una bimba profondamente assorta in quel gioco, si chiese: "Tre bicchieri d'acqua e…", riempiendo velocemente un altro bicchiere, "un bicchiere di latte. O dobbiamo prendere quattro bicchieri d'acqua per il tè?". Con gioia svuotò il bicchiere con il "latte" di nuovo nella caraffa, lo posò per terra e poi lo riempì di nuovo con l'acqua per il tè. "Bene, quattro bicchieri", contò. Aggiunse un altro bicchiere nella fila, lo riempì con il "latte" che aveva preso dalla caraffa. "Dobbiamo prendere tre bicchieri di tè nero con un bicchiere di latte o quattro bicchieri? Uhm, cos'è meglio?" domandò.

Era davvero stupendo sedere accanto ad Amma, che adesso era una bambina completamente assorbita dal gioco, interamente nel presente, e sperimentare la qualità trascendente e la bellezza

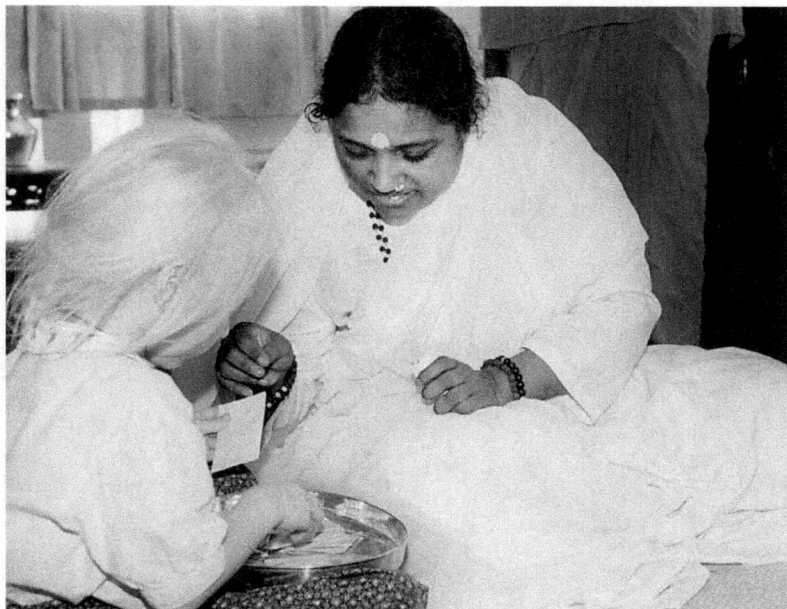

Amma mentre gioca nella sua camera

della totale identificazione con il momento che si sta vivendo. Mi mostrò, seduta lì, sul pavimento della sua stanza, non solo come preparare una buona tazza di tè, ma anche la preziosità e la perfezione di un'azione completa, in cui si è totalmente presenti con tutto il proprio essere, con tutti i sensi, con il corpo e con il cuore. Un tale atto sprigiona un'energia profonda e intensa, una grazia speciale e un amore pacato che crea un legame e tocca ogni persona presente; ci allontana da un'azione banale e ordinaria per condurci a compiere un'azione che nasce dal tutto e che trabocca di gioia e creatività, libera dall'ego.

Amma ed io ci eravamo trasformate in due bambine che stavano giocando allegre. I cinque bicchieri d'acqua diventarono un tè delizioso che veniva versato e miscelato in una seconda brocca. Amma sollevò la brocca, al di sopra del capo, e con grande destrezza versò il tè nel bicchiere che teneva nell'altra mano, in basso. Poi rise e disse qualcosa a Swamiji che mi tradusse:

"Questo trucco forma molta schiuma e crea l'illusione che il bicchiere sia completamente pieno. Fa risparmiare un sacco di tè e procura per il *chaiwala*, per chi lo prepara, un facile guadagno".

A quel punto la lezione sul tè era terminata. Amma si alzò veloce, batté le mani e si mise a danzare felice nella stanza. Seguii il suo ritmo e i suoi passi; avremmo potuto continuare a ridere e a danzare nella stanza se non fosse stato per un pensiero assillante che ruppe la magia del momento. Qualcosa dentro di me mi diceva che lei doveva essere molto occupata e non aveva davvero molto tempo per giocare a lungo.

Fu come se, improvvisamente, un nuvolone avesse coperto il sole. Quell'atmosfera, così unica e ricca di possibilità che si era creata nella stanza, si disgregò e svanì. Amma si allontanò da me, raccolse una delle innumerevoli lettere di devoti ammucchiate sulla cassettiera e cominciò a leggere.

Mi congedai, felice e triste allo stesso tempo. Il dolore della separazione prese silenziosamente dimora nel mio cuore, traboccante di gioia innocente. Questo dolore mi accompagna tuttora e lo conosco bene: appare sempre ogni volta che mi aggrappo a qualcosa. La sua presenza mi indica che la vita è un flusso, non qualcosa di statico, e mi aiuta a scoprire il dinamismo del lasciar andare, del voltare pagina per aprirsi a nuove esperienze. Lasciamo che questo cerchio si completi in ognuno di noi e ci conduca a vivere una vita piena.

La Madre interiore, la cui vera natura è immensità e silenzio, si rivela in modo visibile attraverso questo corpo, in modo che i suoi figli possano intravedere la Madre che dimora nel profondo.

La Madre esteriore esiste per aiutarci a entrare in contatto con la Madre interiore, la Madre della "Mente delle menti".

La Madre interiore non ha nessuna qualità esteriore. È completamente silenziosa e senza attributi nella "Mente delle menti".

Il silenzio è la lingua della Madre interiore.

Amma

Il padre di Amma con un nipote

17

LA FAMIGLIA IDAMANNEL

Non avete bisogno di nessuna nuova Verità.
Tutto ciò che dovete fare è conoscere la Verità
che esiste e splende da sempre
in tutto il creato.
Questa Verità non è antica né moderna,
ma sempre la stessa,
immutabile ed eternamente nuova.

Amma

Il Kalari nel 1993

Acchamma, la nonna di Amma

Durante i miei primi anni all'ashram, uno dei *seva* più belli iniziava nelle primissime ore del mattino. Poco dopo le quattro camminavo nel mio sari fresco di bucato nel buio dell'ashram quasi deserto ed entravo nel misterioso Kalari, il luogo dove Amma teneva inizialmente i Krishna e i Devi Bhava.

L'intensa atmosfera spirituale di questo tempio mi ha sempre profondamente toccato. Mi trasformavo in un'ancella di Dio che raccoglieva con reverenza le ghirlande di fiori e i petali della *puja* del giorno precedente e poi riempivo silenziosamente una brocca con l'acqua del rubinetto vicino all'abitazione di Amma e la ponevo accanto al *pitham*, lo sgabellino di legno, nel Kalari. Il tridente e la spada che Amma aveva utilizzato durante i *bhava* dei primi tempi venivano adagiati sul *pitham*. Qualche ora più tardi, questi e altri oggetti rituali erano venerati e decorati con pasta di sandalo e *kumkum* da uno dei suoi primi discepoli, l'attuale Swami Turiyamritananda. Mentre sulla veranda si svolgeva la *homa*, la quotidiana cerimonia attorno al fuoco, io ero all'interno del tempio a pulire ogni cosa e a preparare l'occorrente per i riti del nuovo giorno.

Al termine mi sedevo sulla veranda vicino al fuoco e in silenzio lavavo gli utensili di ottone con la massima concentrazione. Mi affascinava guardare il *pujari* che invocava Ganesha, la divinità del buon auspicio. Verso il sorgere del giorno vedevo anche un'altra figura, la nonna di Amma, curva per l'età, entrare nella veranda. Quella vecchia signora era la madre del padre di Amma e per questo veniva chiamata Acchamma. Veniva perché, persino in quell'età avanzata, ogni giorno si sedeva assieme a qualche altro volontario e componeva le ghirlande per decorare le immagini e le statue delle divinità nel Kalari con i fiori raccolti dai vicini e dai devoti.

Prima dello spuntare del sole camminavo per l'ashram, lungo le *backwater* e nei giardini dei vicini, per cogliere altri fiori. A quei tempi, mentre passavo davanti alla casa dei genitori di Amma, gli 'Idamannel', udivo Damayanti Amma, la madre di Amma, che recitava nella stanza della *puja* i mille nomi di Sri Lalitha, la

Damayantiamma, la madre di Amma

Madre Divina. Poco dopo sarebbe stata davanti alla casa, pronta a iniziare le sue attività. Spesso trascinava dietro di sé grandi fronde di palme da cocco che intrecciava con molta attenzione per comporre grandi pannelli, usati per costruire le nostre capanne. Le nervature delle foglie delle palme venivano impiegate per fare le scope con le quali le *brahmacharine* spazzavano diligentemente il terreno sabbioso dell'ashram, molto prima che suonasse la campana della prima *archana* nel tempio di Kali.

L'area sabbiosa sotto le palme, tra la casa dei genitori di Amma e le *backwater*, fungeva da cantiere nautico. Sotto gli occhi vigili del padre di Amma, costruttori di barche salariati fabbricavano grandi pescherecci con cabine per la sua flotta. Durante i miei giri alla ricerca di fiori da cogliere, osservavo stupita come, dopo poche settimane di lavoro, riuscivano a trasformare del legno grezzo in pescherecci dall'aspetto regale.

Mi piaceva quel contatto con i membri della famiglia di Amma. A loro modo erano partecipi della missione di Amma in continua espansione. Percepivo l'amore e la reverenza che adesso nutrivano per quella figlia straordinaria, quella sorella che non erano stati in grado di riconoscere o comprendere nei suoi primi anni.

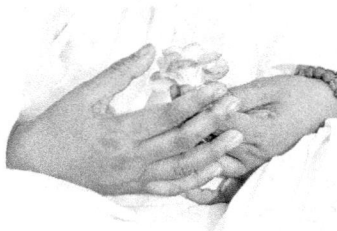

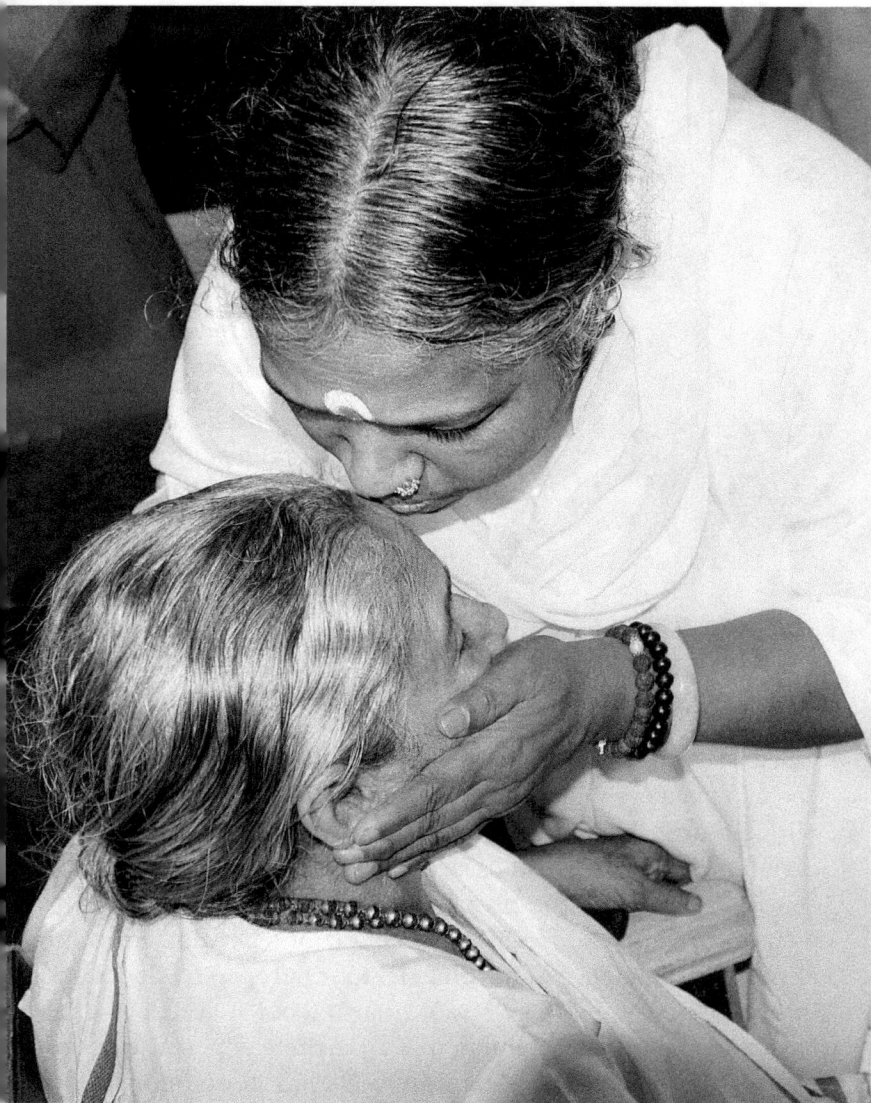

Amma mentre bacia sua madre

18

Camera con vista

Sto giocando al gioco della vita,
il gioco della Verità e della maschera.
Tra la gioia di vivere e la paura di morire,
il gioco di una vita nello specchio dell'UNO.

Prabha

Dopo qualche anno di vita romantica in quella capanna umida fatta con le fronde delle palme, iniziai ad avvertire dolori reumatici in varie parti del corpo. Insieme a Teresa, la mia compagna di stanza, decisi di cercare una camera nell'ala est del tempio che all'epoca era ancora in costruzione. Scoprimmo un piccolo alloggio al secondo piano e chiedemmo ad Amma se poteva diventare la nostra nuova casa.

Rispose di no, ma propose di trasformare il magazzino vicino alla cappella di Kali in un'abitazione per noi. Eravamo al colmo della gioia e al termine del tour europeo traslocammo in quel vano minuscolo e straordinario a cui si accedeva dalla balconata sul retro del tempio di Kali. Amma ci permise di fare alcune modifiche e così divenimmo detentrici di ampi scaffali a muro e godemmo del lusso di avere due finestre. Davanti alla prima, una palma da cocco ci regalava ogni giorno la vista del suo lussureggiante fogliame. Dalle finestre avevamo anche una vista completa dell'ampio spazio che avevamo riempito di sabbia durante il nostro *seva* notturno e sul quale doveva sorgere un nuovo salone per il darshan.

Ora vivevo proprio nel cuore di Amritapuri, al centro di tutto ciò che vi accadeva giorno e notte, perché la seconda finestra mi offriva una bella vista del cortile di fronte alla casa di Amma e della scala a chiocciola dalla quale lei entrava nel tempio di Kali. Dalla mia abitazione potevo percepire ogni suono ed ero sempre pronta, persino di notte, a stare al fianco di Amma.

Durante i festeggiamenti per Onam, una notte udii una risatina leggera e gioiosa davanti alla finestra vicina alla palma. Lo sguardo mi cadde su una grande altalena appesa tra due palme. Un gruppo di *brahmacharine* stava allegramente intorno all'altalena composta da due corde e da una lunga tavola di legno. Amma era seduta al centro dell'altalena con una giovane a ogni lato e, dondolando, volava con entrambe in alto, nel cielo.

Era davvero una magnifica festa, celebrata in privato e riservata alle donne, proprio là, nel bel mezzo dell'ashram dormiente!

L'altalena per Onam

111

Il cuore di tutto era ovviamente Amma che, ridendo, le invitava a dondolarsi sull'altalena per toccare le fronde delle palme e il cielo punteggiato di stelle. Braccia forti spingevano o rallentavano questa rudimentale altalena. Le ragazze e le donne stavano là intorno, sperando ardentemente di poter essere le prossime a sedere sull'altalena con Amma. Gli occhi luccicanti, si sussurravano quanto stesse accadendo.

Non sarò stata una giovane *brahmacharini*, ma nulla avrebbe potuto trattenermi in camera. Presi la macchina fotografica (in seguito vi racconterò come diventai la fotografa di Amma) e, più che scendere, volai dalla scala a chiocciola in mezzo a quella festa gioiosa, davvero unica. Fui immediatamente notata e ridendo mi trasformai istantaneamente nella "fotografa" che cercava di catturare l'immagine dell'altalena che a gran velocità si muoveva avanti e indietro con le sue tre preziose occupanti.

L'oscurità veniva spesso bucata dalla luce del mio flash, ma quali immagini catturasse o cosa riuscisse a imprimersi sulla pellicola della mia piccola Olympus era un fitto mistero in quei tempi "pre-digitali". Fu solo per grazia di Amma che l'impossibile diventò possibile e che esista una foto a testimonianza di quello speciale, straordinario momento con Amma sull'altalena di Onam. Ebbi anche l'opportunità di sedermi su quella larga tavola di legno a fianco di Amma, lasciando che mi portasse in alto nel cielo, assieme a lei.

Col passare del tempo sviluppai un sesto senso riguardo alle celebrazioni notturne di Amma. Mi bastava un leggero mormorio che attraversasse l'ashram o il suono di numerosi e rapidi passettini sulla sabbia o nella hall per svegliarmi e uscire alla ricerca di un incontro nascosto. Così, una notte, trovai Amma seduta felice e in silenzio sulla sabbia assieme a qualche volontario, mentre impastava dello sterco di mucca con del fieno per farne una sorta di pagnottelle rotonde e piatte. Con destrezza, le sue mani si muovevano velocemente.

Non mostrava alcuna avversione per quel materiale dal particolare profumo che stava maneggiando. Di tanto in tanto

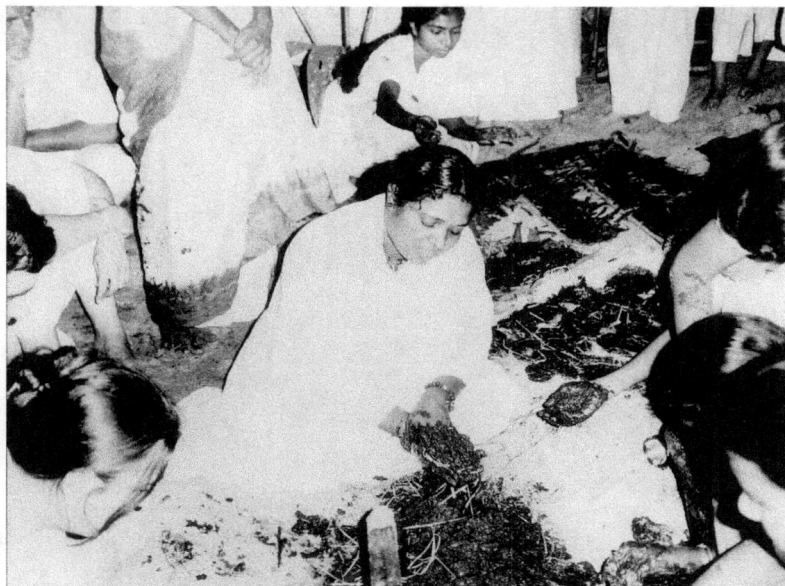

I "chapati" di sterco di mucca

ridacchiava e gridava a voce alta, come una bambina che gioca: "*Chapati, chapati*, venite, stiamo preparando dei *chapati*" e poi rivolgeva nuovamente tutta la sua attenzione a quell'impresa creativa.

Bene, quei *chapati* non finirono in cucina! Vennero essiccati con cura, impilati davanti al tempio di Kali, accesi e bruciati lentamente fino a diventare cenere. La cenere veniva messa in sacchettini che Amma avrebbe distribuito a tutti i devoti come cenere sacra nella festività di Shivaratri, in onore del Signore Shiva. Amma ci aveva mostrato come avviene una trasformazione, nel vero senso della parola: da sterco di mucca a cenere sacra. Questo fatto colpì profondamente la nostra mente!

Molte di queste attività si svolgevano la notte e continuarono fino al 2000. Era molto più facile trasportare la sabbia e aiutare nella costruzione del tempio in quelle ore invece che sotto i raggi cocenti del sole. Ciò che non riuscivamo a terminare durante il giorno, come ad esempio piegare i fogli del Matruvani, la rivista

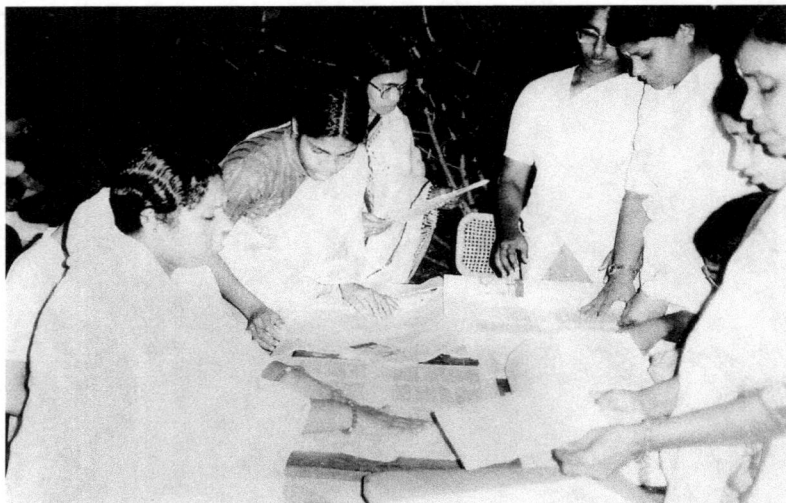

Piegando le pagine del Matruvani

dell'ashram, si ultimava quando era più fresco, dopo la mezzanotte. Il periodico veniva poi inviato in tutta l'India e in seguito anche in America e in Europa. Di solito eravamo in ritardo per la spedizione e il giorno prima della scadenza veniva chiesto a tutti di dare una mano a piegare i fogli per formare un libretto. Amma sedeva spesso con le *brahmacharine* ai lunghi tavoli, piegando e ridendo, sempre pronta a fare qualche battuta ricca di spiritualità e a partecipare a divertimenti innocenti. I suoi sguardi che sprigionavano giovinezza, la sua voce e i suoi gesti si amalgamavano bene con quelli delle ragazze e, come per magia, fra i tavoli regnava un'atmosfera spensierata. Tutto questo, unito a un senso di appartenenza e solidarietà, rendeva la vista di quella montagna di carta ancora da piegare meno scoraggiante.

Ciò che amavo particolarmente di quei primi anni all'ashram era vedere come Amma si avvalesse delle nostre abilità in vari modi. Ci insegnò che nessun compito poteva sminuirci se visto nella giusta prospettiva: nulla era troppo elevato o inadeguato per noi. Ciò che contava era essere completamente presenti e coinvolti nell'azione, perché solo così saremmo cresciuti interiormente.

Raccogliendo la ghiaia

Incuranti della riuscita o dell'insuccesso degli sforzi profusi, avemmo a disposizione molte opportunità per sperimentare i nostri punti di forza e le nostre debolezze, e prendere consapevolezza dei nostri limiti.

Amma ci ricordava più volte di rimanere completamente presenti durante il nostro *seva* e di non aspettarci nessuna ricompensa o lode. Recitare il mantra che lei ci aveva dato ci aiutava a padroneggiare, in una certa misura, la mente. Ripetendolo, cercavamo di stare nel "qui e ora", impedendo alla mente di distrarsi. Più volte sperimentai che, abbandonandomi al momento presente, i pensieri non potevano più controllarmi. Le mie azioni venivano allora guidate da una forza inspiegabile che nasceva in me e mi apriva a nuove esperienze.

Così, insieme alla mansione di cuoca, appresi anche la precisione e la tenacia mentre piegavo i fogli stampati, vagliavo e separavo con esattezza il materiale da costruzione nel cantiere del tempio e usavo la macchina che macinava gli ingredienti per i rimedi ayurvedici. Diventai un'esperta nel passare il cemento fresco usando vecchi pneumatici come contenitori, bilanciare ad arte i carichi delle riviste sulle braccia mentre salivo e scendevo dai gradini del tempio, pulire il tempio al mattino presto prima dell'*archana* e svegliare i *brahmachari* che vi avevano trascorso la notte perché le capanne erano occupate dai visitatori. Questi erano alcuni dei numerosi compiti che imparai a svolgere con gioia ed entusiasmo.

Ad Amritapuri scoprii anche che gli oggetti sono versatili. Un grande recipiente della cucina poteva essere utilizzato per trasportare la sabbia o lavare i vestiti. Una vecchia borsa di plastica poteva sigillare una fessura del tetto di fronde di palma intrecciate o diventare un contenitore in cui coltivare piante. I vecchi sacchi di cemento potevano essere cuciti insieme per realizzare un divisorio che proteggesse la *privacy*. Tale stile di vita lasciò

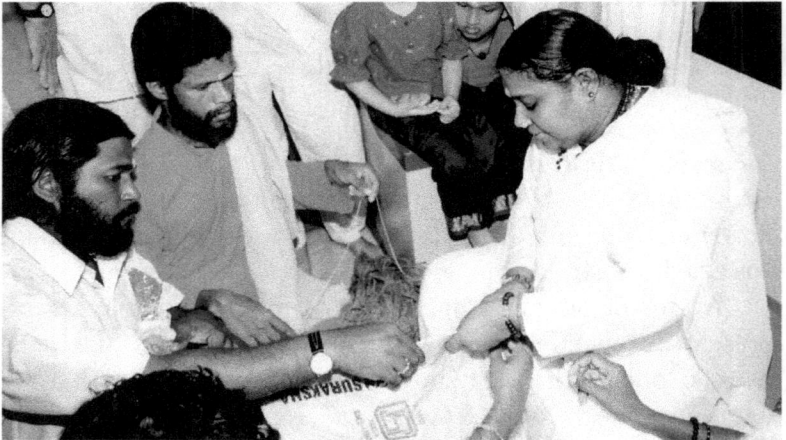

Cucendo assieme i sacchi di cemento

una profonda impressione su di me e cominciai a lasciar andare le mie idee rigide e avventate. Iniziavo la giornata con un senso di avventura, senza aspettative né pregiudizi. Questo atteggiamento mi permise di trarre il meglio da situazioni inaspettate e inconsuete e fu il risultato del metodo di insegnamento di Amma. Le sue lezioni non sono un puro apprendimento libresco, ma un nuovo modo di vivere che si radicò profondamente in me.

19

LUCE ALL'INTERNO E ALL'ESTERNO

Lei è la Madre,
Cristo in me, la Sua vera immagine.
"Benvenuta, Anna-Cristo", dice,
prendendo il mio cuore
e fondendolo nel suo essere.

Prabha

Il rituale attorno al fuoco nel Kalari

Dentro di voi una saggezza straordinaria attende di potersi svelare. Ma questo accadrà solo se glielo consentirete. Il vero significato della vita è realizzare il Divino che dimora in voi. Nel vostro attuale stato di consapevolezza vi sono molte cose che non conoscete. Tuttavia, man mano che la vostra ricerca interiore diventerà più intensa, vi troverete di fronte a nuove esperienze e situazioni. Nuovi stili di vita si apriranno dinanzi a voi e vi condurranno più vicino al vostro Sé.

Amma

Amma è nata sotto la stella di Karthika. Ogni mese, nel giorno in cui questa stella appare nel cielo, nel Kalari di Amritapuri si celebra uno splendido rituale. Il famoso tempietto di Krishna, presente fin dai primi anni dell'ashram, viene ornato con ghirlande di fiori, origami di foglie di palma, lampade a olio e altre decorazioni. Sedevo con molti altri sui tappetini stesi sulla veranda del tempio per assistere a questo rito, chiudevo gli occhi e mi abbandonavo ai canti della *puja*. Al centro di un grande *mandala* colorato veniva collocata una grande lampada a olio decorata con ghirlande e circondata da numerose lampade più piccole dalla vivida fiamma. Osservavo rapita il *pujari* che, ad ogni mantra, offriva assorto i fiori all'alta lampada, la cui luce era formata da vari stoppini accesi. Il riflesso creato illuminava i volti di molti presenti e avvolgeva di una luce calda le numerose persone in meditazione, rammentando loro di entrare in contatto con la luce del proprio cuore e addentrarsi nel proprio tempio interiore.

Le luci dorate di Karthika mi invitavano così a volgermi alla luce che brilla nel mio cuore. All'improvviso compresi che Amma e la luce sono un'unica e medesima cosa e che lei non è solo luce, ma anche la fonte della luce. Amma è nata il giorno di Karthika per guidare l'umanità a scoprire la luce nel proprio cuore e a realizzare ciò che siamo veramente.

Mi venne in mente un'immagine dal passato, quando ero in Svezia con Amma, l'ultima tappa del tour europeo prima di tornare ad Amritapuri. Io e altri venti residenti dell'ashram aspettavamo felici il volo per l'India con Amma in una pittoresca casa di campagna sulle rive di un fiordo. Dalla finestra della cucina in cui svolgevo il mio *seva* potevo vedere un incantato giardino selvatico che brillava nella luce del sole mattutino.

Sembrava che i fiori, gli uccelli, i cespugli e l'erba si fossero uniti per dare il benvenuto al nuovo giorno nella luce del sole nascente. Al centro di questa meravigliosa scena c'era Amma, seduta su un'altalena sorretta da lunghe funi appese a una vecchia quercia.

Con gli occhi chiusi, si dondolava silenziosamente nella luce dell'alba che stava sorgendo, immersa nel suo mondo di pace e di beatitudine infinita. Il vento giocava con le pieghe della veste bianca e toccava delicatamente i capelli di Amma, mentre sopra il suo capo danzava il manto di foglie. I raggi dorati del sole si riflettevano sul viso radioso e riscaldavano i piccoli piedi che spuntavano di tanto in tanto dal vestito bianco svolazzante. Con

grazia, Amma lasciava che l'altalena la portasse tra il cielo e la terra.

Mi avvicinai a lei lentamente, desiderosa di imprimere quel momento nel mio cuore e ricordare per sempre quello spettacolo divino.

Mentre più tardi sedevo sulle rive del fiordo, con gli occhi della mente vedevo ancora l'immagine di Amma in silenzio, sull'altalena: la scorgevo nell'acqua, in ogni onda. I gabbiani, gli alberi, le nuvole nel cielo, tutto sembrava riflettere lo splendore che avevo notato sul suo volto perso nella beatitudine. In quel momento seppi che, in essenza, la forma di Amma è pura coscienza e che la luce di questa coscienza è il fondamento stesso della creazione. Nel piccolo corpo fisico di Amma, avvolto in bianche vesti, vive la Madre del mondo che è tutt'uno con la coscienza da cui si origina e in cui si dissolve l'universo. Lei è tutt'uno con il Sé eterno primordiale, la fulgida luce divina!

E quanto ero piccola in quella visione! Il mio mondo personale sprofondò in quell'Amore che abbracciava ogni cosa e tutto ciò che in questo mondo sembrava importante perse di significato. Divenni un atomo, un granello di polvere dell'universo, minuscolo ma onnipresente, nel gioco della creazione e della distruzione. Sapevo di essere intessuta con il grandissimo mistero del mondo, che pervade ogni atomo del creato e splende nel cuore di ogni uomo.

Un giorno Amma mi disse: "Amma non vede questo viso", indicando il mio volto con le sue maschere e i suoi stati d'animo mutevoli e poi, indicando il mio cuore, continuò, "Amma vede questo volto".

"Cosa poteva leggere Amma sul volto del mio cuore?" mi chiesi. Lei vede ogni cosa, la bellezza e le ombre, le gioie, i dolori e le bugie. Vede i muri che ho innalzato e le torri di guardia che ho costruito. Ma al di là di tutto questo, nel profondo, vede il suo volto. Questo è il modo in cui accoglie ogni creatura che si accosta a lei. Amma dice:

"La Madre esterna esiste solo per aiutarvi a raggiungere la Madre interiore che è pura coscienza. Il silenzio è la

Cosa vede Amma quanto ti guarda?

121

lingua di questa Madre, priva di attributi. Non potete nemmeno chiamarla 'Madre'. 'Madre' è un nome, e nella coscienza non esistono nomi né forme".

Amma sa che ogni anima anela a raggiungere la sua vera dimora, a ritornare nella luce della coscienza, e così interpreta il ruolo della madre. Con il suo esempio, rappresenta il modello di un essere risvegliato alla cui presenza possiamo progredire sul cammino che ci conduce alla nostra vera natura. Tuttavia è nostro compito affrontare i pensieri che s'infrangono impetuosi e rimbombanti come un torrente di montagna nel nostro essere e creano senza sosta quel gioco che chiamiamo vita. In questo gioco di sovrapposizioni, vediamo solo la madre esteriore.

Questa madre non interromperà la sua missione finché non avremo imparato a far tacere i pensieri e ad immergerci nella quiete del cuore, dove la Madre interiore ci attende da sempre. In quella quiete potremo cogliere il messaggio della seguente storia che Amma racconta.

Nella grande piazza del mercato della capitale di un Paese c'era una grande statua di un santo con le braccia aperte. Ai suoi piedi avevano posto questa scritta:

VENITE TRA LE MIE BRACCIA

Poco tempo dopo quel Paese entrò in guerra e le bombe distrussero la capitale. La statua venne pesantemente colpita in un bombardamento ed entrambe le braccia del santo furono distrutte. Al termine della guerra, i cittadini si dedicarono alla ricostruzione della città e decisero di riparare anche la statua. Alcuni di loro pensarono che fosse meglio abbatterla.

Una persona disse: "No, basta metterle nuove braccia".

"Lasciamo invece la statua così com'è", ribatté un saggio.

Tutti si volsero verso di lui, stupiti, e protestarono dicendo: "Non vedi che il santo non ha più nessun braccio mentre sul cartello c'è scritto: 'Venite tra le mie braccia'?".

"Lo vedo", replicò l'uomo, "Lasciate le cose come stanno. È sufficiente aggiungere alla scritta queste parole:

NON HO ALTRE BRACCIA E ALTRE MANI SE NON LE VOSTRE

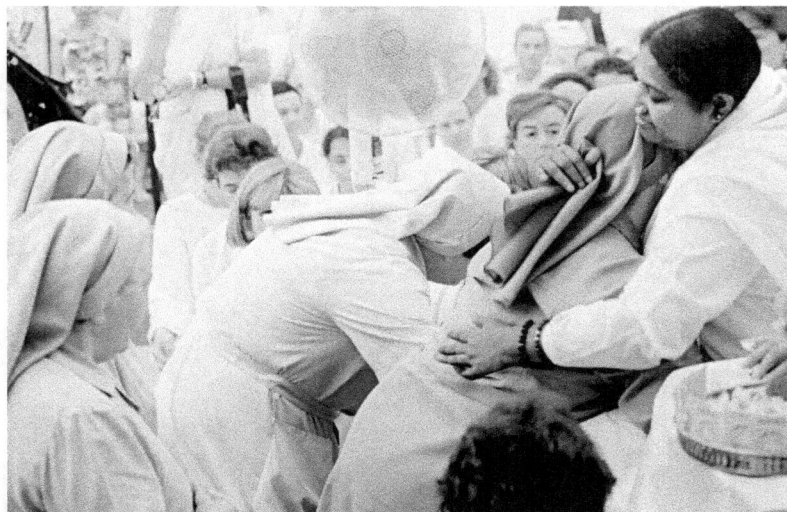

Darshan in Spagna

Amma ci ricorda ripetutamente che in realtà noi siamo esseri divini in corpi umani. L'amore, la compassione e una straordinaria forza giacciono dormienti dentro di noi, in attesa di venire espressi.

Ancora prima di incontrare Amma, compresi questa verità durante un ritiro spirituale. Eravamo un gruppo di ricercatori riuniti in una grande sala di meditazione di una fattoria. Un mattino ci fu fatta una domanda a cui avremmo dovuto rispondere per iscritto, con la massima serietà e impegno. Mentre tenevo stretti la matita e il foglio nella mano, sentii l'insegnante formulare la seguente domanda: "Chi sono io?".

Tutti ci guardammo sorpresi. Bene, chi sono io? Di certo questo "io" non si riferiva al mio nome, professione o status sociale a cui appartenevo. Questo era facile da capire. Ma se toglievo tutti questi attributi, chi ero io? In quel momento ero come un vaso aperto che attende di accogliere una risposta.

Con lo sguardo cercai gli occhi di un santo la cui immagine era appesa alla parete vicina. Non sapevo che si chiamasse Ramana Maharshi e che i suoi insegnamenti contemplassero la

Danzando in Svezia

tecnica dell'autoindagine, del porsi costantemente la domanda: "Chi sono io?". Amma non era ancora entrata nella mia vita, ma oggi posso dire con certezza che gli occhi di Amma brillano della stessa luce di quelli di Ramana. Gli occhi di questo santo mi parlarono e mi dissero: "Tu sei Dio". Io, Dio? Tale pensiero suscitò all'istante un senso di disagio e la mia coscienza lottò contro tale affermazione. Non era blasfema? Pensai alla favola del pescatore e della moglie che volevano sempre di più. Mi vidi nella moglie del pescatore, punita perché voleva essere Dio. Nella mia mente apparvero le immagini di tutte quelle donne sagge bruciate o crocefisse che avevano affermato lo stesso e avrei voluto cancellare le parole di Ramana Maharshi. Perciò scrissi sul mio foglio "L'immagine di Dio".

"C'è qualche parola di troppo sul tuo foglio", disse l'insegnante dopo aver letto la mia risposta.

Mi serve molta forza e coraggio per continuare il mio viaggio, ma ho fiducia in Amma, che ci esorta sempre ad accettare ciò che si presenta, a prescindere dal fatto che sia piacevole o doloroso, bello o brutto, amichevole od ostile. Con infinita pazienza ci indica la strada per una vita in cui colui che ha azzerato il proprio ego è un eroe.

Lei mi insegna come vivere nel momento presente. Mi insegna come accettare le gioie, i dolori, l'amore, le mancanze, la stupidità e così via, ancorata, al sicuro nella conoscenza che tutte queste cose non sono la realtà, ma solo il prodotto del mio ego. Lei stabilisce il ruolo che devo recitare sulla grande scacchiera della vita. Quando questo personaggio si muove con facilità nel mondo mi sento felice; sono assalita dall'ansia quando invece si perde e scoppio a piangere quando la sofferenza diventa insopportabile. Ogni giorno condivido con questo personaggio la gioia e il dolore, l'euforia e la delusione. Si tratta di un'illusione con la quale mi sono immedesimata, identificata completamente. Perfino allora, so che nel profondo arde la luce della consapevolezza eterna che è la mia vera natura. Sono in cammino verso quella luce. Possa la mia vita dirigersi in tale direzione.

Gioco il gioco dell'immaginazione e del giudizio,
del pensare e desiderare il passato e il futuro.
Gioco un gioco in cui sprofondo per il dolore e danzo ebbra di gioia.
Questo gioco è il mio viaggio verso quel gioco senza giocatori
in cui tu e io siamo TUTT'UNO nello spazio aperto del mio cuore.

Prabha

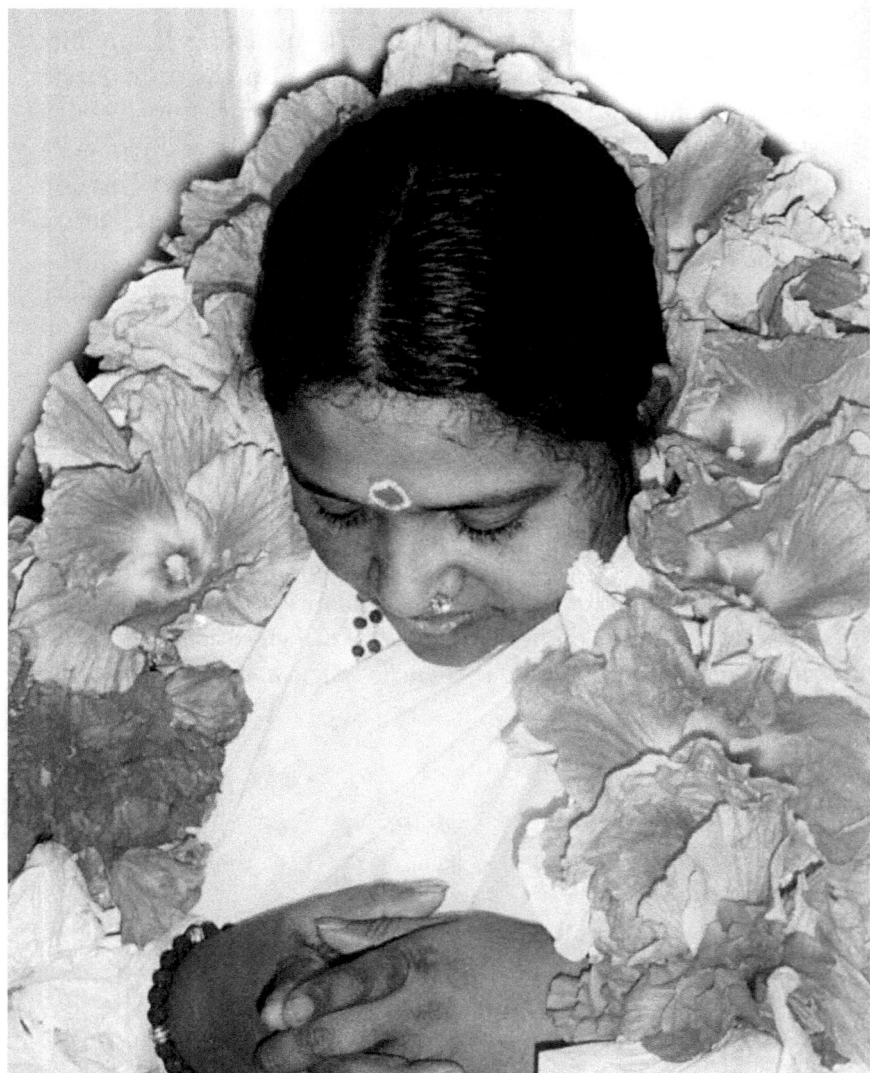

20

FOTOGRAFA

Tocca la terra, fiorisci danzando,
pianta i semi dal profondo del tuo essere.
Trepidando, vedrai i fiori schiudersi
e raggiungere i cieli.

Prabha

La mia vita come fotografa di Amma iniziò con un'immagine incantevole che, con grande naturalezza, immortalai con la macchina del mio cuore. Si trattava di una Amma che rideva in un piccolo giardino, tra alti cespugli di rose in piena fioritura, e che univa le mani sopra il capo chinando leggermente la testa.

Questo giardino magico apparteneva all'ashram di Amma nella Réunion e si trovava proprio davanti alla casetta in cui lei soggiorna durante i suoi programmi in quella isoletta dell'Oceano Indiano. Amma stava dirigendosi verso la sua stanza dopo una lunga mattinata di darshan. I petali aperti delle rose brillavano rivelando lo splendore dei loro colori e accarezzavano la piccola forma di Amma vestita di bianco. I suoi occhi rispecchiavano la luce sprigionata dal darshan che aveva appena dato a centinaia di persone di etnie diverse. La grande moltitudine di gente giunta per vederla e riceverne l'abbraccio era riunita nella grande hall dell'ashram, decorata con quadri e sculture. Quest'isola, che in passato era stata occupata a lungo dai francesi, adesso è abitata oltre che dagli europei, dai creoli, un gruppo i cui antenati sono approdati su questa terra come schiavi.

Amma sorrideva allegramente mentre salutava con la mano e il suo viso radioso ci diceva silenziosamente: "Tra breve tornerò per stare con tutti voi". La straordinaria bellezza di quel momento mi aveva profondamente toccata. Sapevo con certezza che lei era un essere illuminato, eterno e potente, ma al tempo stesso delicato come una rosa. Desideravo tanto avere una sua foto in quella cornice.

Sapevo di non avere il permesso di fotografarla, ma subito l'immagine della mia piccola Olympus apparve ai miei occhi.

L'avevo riposta con cura assieme ai pochi altri miei averi in una valigia in Svizzera. L'anno successivo, quando tornammo alla Réunion, la macchina fotografica era con me.

Senza aspettare, durante il darshan del primo giorno del programma le chiesi: "Amma, posso farti una foto mentre cammini nel roseto?". "Puoi farmi le foto" rispose sorridendo misteriosamente mentre io mi allontanavo velocemente per recuperare la macchina fotografica in camera.

Volevo essere pronta per la foto nel roseto e così, piena di entusiasmo, avevo in mano l'apparecchio molto prima che terminasse il darshan, attenta a ogni movimento di Amma. Alla fine lei si alzò e cominciò a camminare, circondata da molti visitatori; si fermò sulla veranda dell'ashram, impegnata in una seria discussione con qualcuno. Cercai di rendermi il più invisibile possibile. Mi diressi verso il sentiero che si snodava lungo il roseto in cerca dell'angolatura migliore e poi restai lì, in attesa.

Sfortunatamente ero a caccia di un momento già trascorso e rimasi profondamente delusa: quell'anno non era il precedente e l'immagine di Amma nel roseto non era la stessa. Lei continuò a parlare alle persone sulla veranda mentre attraversava il giardino, e adesso il suo volto aveva un'espressione seria.

Il mio dito non premette neppure una volta il pulsante di scatto. Ero ovviamente molto delusa, ma mi venne in mente la battuta che avevo sentito di recente: "Vuoi sapere come far ridere Dio? Raccontagli i tuoi piani!".

Sì, i miei piani erano davvero falliti, ma nella macchina avevo ancora un rullino Kodak da 36 scatti inutilizzato! Amma non aveva forse detto che potevo farle le foto? "Le foto" significava più di una! Perché tanta amarezza se quel giorno era diverso da quello dell'anno precedente?

L'indomani, quando Amma entrò nella sala del darshan e gli *swami* recitarono i mantra durante la *pada puja*, osservai incantata e con una leggera inquietudine la scena dalle lenti della mia macchina. Questa volta feci parecchi scatti. Amma ignorò i miei gesti e per me questo significava la sua approvazione.

Dopo due giorni avevo riempito metà del rullino con le foto di Amma e fremevo di curiosità, impaziente di guardare ciò che ero riuscita a fare. Non vedevo l'ora di avere in mano la carta patinata e vedere se le foto erano riuscite, e così mi recai in una città vicina alla ricerca di uno studio fotografico. Oggi, nell'era digitale, posso controllare subito le immagini ottenute e così la mia pazienza non è più spinta al limite. Non devo più trascorrere ore e ore a mangiarmi le unghie per l'ansia, in attesa dei risultati, né avventurarmi di corsa nei vari studi fotografici cercando di far sviluppare la pellicola il prima possibile. Le contrattazioni sul prezzo, la trepidante attesa del tesoro, il batticuore che provavo aprendo il pacchetto con le foto: tutto questo appartiene al passato. Con

Danzando a La Réunion

la digitalizzazione ho perso uno strumento prezioso per mettere alla prova la mia pazienza, far emergere le mie illusioni e paure e sperimentare con intensità una gioia spontanea e inaspettata.

A Saint Louis de la Réunion trovai un negozietto con un francese simpatico che, raggiante, mi consegnò le foto dopo due giorni. Stupita, guardai le splendide immagini di Amma. Sembrava che la macchina avesse avuto una mente propria e si fosse posizionata nei punti migliori, scattando proprio nel momento giusto per ottenere risultati perfetti. La prima di queste foto è stata scelta come copertina per questo libro.

Quella sera, mentre Amma stava per recarsi in un tempio sulle montagne, avvicinai questo mio tesoro al finestrino della sua auto. Dopo aver dato un'occhiata alle foto, disse a Swamini: "Prabha sa cogliere i miei diversi stati d'animo. D'ora in poi vorrei che fosse lei a farmi le foto". Rivolgendosi a me continuò: "Non devi smettere di fotografare Amma, nemmeno se ti rimprovera".

Da quel momento, c'è una fotografa occidentale che si chiama Prabha intorno ad Amma, il soggetto più entusiasmante e bello al mondo. E c'è l'allieva Prabha intorno ad Amma, il Maestro, il fuoco più incandescente, generato per bruciare il nostro ego. Con il *seva* delle foto, Amma mi offrì l'opportunità di stare esattamente dove volevo: in un luogo di trasformazione. Assieme alle innumerevoli immagini che la luce sulla celluloide aveva trasformato in splendide foto di Amma, la mia mente era ed è tuttora gradualmente trasformata dalla vita e dal *seva* per Amma, che dimora nel mio cuore come quella fulgida forma nel roseto.

Cercate di capire che la creazione e il Creatore
non sono due cose a sé stanti.
Come l'oro esiste ed è presente in ogni gioiello d'oro,
così il Creatore pervade interamente il creato.
Se riusciremo a coltivare una simile comprensione,
non dimenticheremo mai a nostra intrinseca unità.

Amma

21

DUE COLLEGHE FOTOGRAFE

Il mio giardino era perfetto, studiato come piaceva a me.
Ora è arido, un deserto, vuoto.
Un buco profondo... E se fosse solo spazio?
Uno spazio che ti invita a entrare?

Prabha

Dopo avermi dato del tempo per abituarmi ai risvolti del *seva* come sua fotografa, Amma preparò lo scenario successivo per il gioco in atto. Mi mandò una collega: Janani (madre dell'universo), una donna forte e di successo dalla quale mi sentii subito minacciata. Invece di diventare colleghe diventammo avversarie.

In realtà ci intendevamo abbastanza bene e in molte situazioni eravamo sulla stessa lunghezza d'onda. Riuscivamo a conversare e a ragionare persino sulle nostre piccole gelosie e competizioni, incapaci però di risolvere le divergenze. Oggi, guardandomi indietro, riesco a vedere quanto fosse perfetto il regalo di Amma, questo nuovissimo "bastonatore di ego": il gioco Janani-Prabha!

Janani mi dava spesso motivo di essere gelosa e, talvolta, di piangere per il disappunto, che cercavo di mascherare il più possibile. Amma e gli *swami* trovavano divertenti il mio pianto e le mie stizze infantili e molte volte contribuivano ad aumentare il melodramma e la competizione. Amma era maestra nel pizzicare le corde tese dello strumento chiamato "ego" e riusciva a fargli emettere note terribili e discordi. Lavorava su tutti gli aspetti della mia personalità con delicatezza, creava situazioni difficili per mettermi alla prova, non perdeva mai occasione per darmi insegnamenti ed era perennemente focalizzata sulla crescita e trasformazione. Il suo unico scopo era distruggere l'ego. È incomprensibile e anche inconcepibile vedere come riesca a fare tutto questo.

Ogni nostra foto doveva essere approvata da Amma. Ciò significava che, oltre a dare lunghi darshan, leggere centinaia di lettere, consigliare i responsabili delle varie istituzioni ed opere umanitarie, doveva anche dedicare del tempo alle piccole gioie e ai crucci miei e di Janani, per noi tanto importanti. Per entrambe

la gioia significava: "Amma ha scelto la mia foto e scartato la tua".
È quindi facile immaginare cosa fosse il dolore, giusto?

Un giorno Amma mi inviò un messaggio chiedendomi
di acquistare una reflex. Con questa fotocamera professionale
accompagnai Amma nel tour australiano, portando il nuovo
apparecchio in un borsone grigio che portavo a tracolla. Il luogo
in cui si tenne il primo programma era vicino al mare. Al calar
della notte mi trovavo felice sotto le coperte in una piccola casa
vacanza, ben nutrita e accudita da una simpatica devota di Amma.
Ascoltare il rumore delle onde del mare così vicine mi faceva sentire intimamente connessa con la natura. Sapere che pure Amma,
che avrei visto il mattino seguente, era lì vicina, mi riempiva di
gioia e di contentezza.

Il mattino seguente, accompagnata dalla devota che mi ospitava, mi recai nella hall del programma con la mia nuova Nikon in
spalla. Presto avrei fatto foto incredibili con il nuovo apparecchio.
La vita non poteva essere più bella!

Purtroppo avevo parlato troppo presto. La felicità evaporò
quando scoprii che Janani aveva dormito nella stessa casa di
Amma. Ora accompagnava orgogliosamente Amma al programma, la filmava (poiché Janani realizzava anche video) e
scattava delle foto. Precipitai dall'apice della felicità in cui mi
trovavo poco prima e scattai distrattamente un paio di foto.
Mentre Amma entrava nell'edificio, camminandomi vicina, feci
del mio meglio per nascondere il profondo disappunto. Presto
la tranquillità e la calma si diffusero in tutta la sala darshan: le
persone meditavano, gli *swami* cantavano e Amma abbracciava.
Rimasi seduta per tutto il tempo in fondo, in un angolo. Mentre
facevo finta di meditare, i miei pensieri turbinavano incontrollati
in tutte le direzioni, ad ogni istante sempre più scuri e negativi.

Nell'occhio della mia mente si svolgeva questa scena: Amma
e Janani facevano una passeggiata in quei dintorni suggestivi e
Janani scattava foto e rideva. Anche Amma rideva e la invitava
nella sua stanza, permettendole di farle bellissimi primi piani. In
uno di quei ritratti Amma guardava direttamente nella macchina

fotografica. Janani aveva così scattato la foto di Amma più apprez-
zata e desiderabile, ambita da tutti i devoti: lo "sguardo diretto"!

Quella Prabha che si era svegliata felice nella casetta sulla
spiaggia, adesso era un mucchietto confuso e incontrollato di
gelosia infantile. Mentre Amma riversava tutta se stessa abbracciando amorevolmente una persona dopo l'altra, nella mia mente
si scatenavano grandi battaglie. Esteriormente calma, ma inter-

namente furiosa e tesa, spinta da un forte impulso, chiesi a qualcuno come giungere alla casa di Amma. Dopo aver scoperto che
si trovava a meno di un chilometro di distanza, presi il borsone
con la Nikon e m'incamminai. Scuri nuvoloni di rabbia si erano
addensati in me. Mi sentivo discriminata e ingannata da Amma.
La gelosia mi tormentava e sentivo il mio ego dire: "Non così in

fretta, Amma. Non con me. Non mi importa chi scatterà le foto, ma sicuramente non sarò più io. Mi hai ingannata".

Fu in quello stato d'animo che entrai nella casa che ospitava Amma. Le porte erano aperte. Potevo sentire qualcuno che si affaccendava in un'altra parte della casa mentre camminavo piano lungo il corridoio e spiavo nella stanza di Amma. Nessun altro in vista. C'era via libera mentre entravo in punta di piedi con la Nikon e la lasciavo sul comodino di Amma, appoggiandovi sopra un bigliettino scritto frettolosamente a mano: "Per Amma, da Prabha".

Bene, "missione compiuta", come dicono di solito. Lasciai la casa inosservata. La mente era già qualche passo più avanti e immaginava la scena di quando Amma sarebbe entrata nella stanza, avrebbe visto la macchina fotografica, scoperto il mio bigliettino e cosa avrebbe detto e fatto poi.

Immersa in simili pensieri, a malapena mi rendevo conto di dove andassi e fui sorpresa di trovarmi davanti alla sala darshan. Entrai e notai le lunghe file di persone ai lati di Amma, i suoni dei melodiosi *bhajan* che riempivano la sala, l'energia di Amma che abbracciava anche me, la ribelle.

Mi dissi che ero soddisfatta e che avevo fatto la cosa giusta. Con un dolce e un caffè dal bistrò gestito dai devoti, tenni a bada il dubbio che mi assillava e finsi di essere in pace con me stessa e con il mondo in generale. Nel frattempo guardavo di nascosto Janani, che sembrava completamente all'oscuro della mia piccola avventura.

Alla sera Amma e gli *swami* arrivarono di nuovo nella sala con Janani al seguito. La mia Nikon però non si vedeva da nessuna parte. I miei dubbi, nel frattempo, si erano intensificati e trasformati in autocommiserazione. Per tutta la sera rimasi vicina ad Amma e la mia mente diede vita a molte versioni del dramma di Prabha la ferita, un dramma di dolore e rabbia che durò ben quattro ore. Detto per inciso, ero completamente inconsapevole che simili drammi si erano ripetuti in tutta la mia vita. Quella notte Amma non mi rivolse nemmeno una parola. Di tanto in tanto percepivo il suo sguardo su di me e alla fine, quasi al termine del darshan, il sipario calò sul mio dramma e la mia sceneggiata interiore finì.

Amma mi abbracciò silenziosamente prima di salire sull'auto che l'avrebbe portata a far visita a una casa di devoti. Anche Janani si trovava con lei, ma non mi interessava, il mio dramma era terminato. Incamminandomi rapidamente nella notte verso la casa di Amma, trovai le porte spalancate, entrai nella sua stanza e vidi che la Nikon era ancora dove l'avevo lasciata il giorno precedente. Solo il bigliettino era stato spostato e ora si trovava su un altro tavolino.

Lasciai l'abitazione piano piano, furtiva, così come vi ero entrata. Il borsone con la Nikon, il cielo stellato e i miei passi affrettati nel paesaggio addormentato, tutto era così bello e mi apparteneva, così come mi era appartenuto il conflitto interiore degli ultimi giorni. Sentii che quel conflitto aveva sicuramente cambiato in meglio qualcosa dentro di me. La mia padrona di casa stava pulendo la sala del programma e insieme tornammo nella casetta sulla scogliera, contro le cui rocce ruggiva l'oceano, accompagnandomi in un sonno privo di sogni.

Priva di vita e d'amore,
l'energia vola oltre il cuore
ronzando incessantemente, fredda, calcolatrice,
pregna di un passato ansioso, nella mia testa.

Prabha

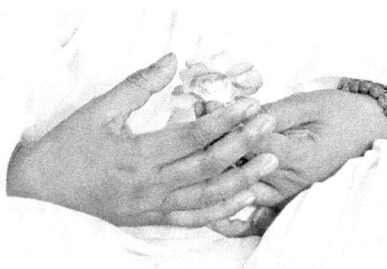

139

22

La fine del gioco

Quando il sole del Sé
illumina la mia lotta interiore,
allora, Tu sei là, nel cuore del mio cuore.

Prabha

Il gioco Janani-Prabha durò parecchi anni e noi due adulte eravamo completamente indifese nella sua morsa. Semplicemente non riuscivamo a trovare l'interruttore che spegnesse quella giostra. Spesso mi chiedevo cosa significasse per me il detto "Il tuo peggior nemico è il tuo migliore amico". Sicuramente non valeva per me, ma piuttosto per chi si era completamente abbandonato e poteva porgere al nemico l'altra guancia dopo aver ricevuto il primo schiaffo. Di certo non appartenevo a quella categoria di persone. Tuttavia oggi, dopo che il nostro gioco si è concluso, so che Janani è stata la mia migliore amica nel mio viaggio come ricercatrice spirituale. La mia personalità si contrapponeva alla sua e, attraverso i nostri conflitti, molti vecchi schemi si ruppero e svanirono. Il fardello del mio ego divenne più leggero, facendomi vedere con maggiore chiarezza il mio paesaggio interiore.

Arrivò infine il giorno in cui Amma pose fine al conflitto che aveva tormentato la nostra relazione. Era ora che accadesse poiché non potevo immaginare di trascorrere mesi, anni o l'imminente tour europeo, con un'avversaria piuttosto che con una collega. A quel tempo avevo ripreso a vivere in Svizzera, anche se trascorrevo buona parte del tempo all'ashram. Facevo molte fotografie e abitavo ancora nella stanzetta accanto alla cappella di Kali, vicino alla Dea che aveva dovuto impegnarsi così intensamente per distruggere il mio ego.

Anch'io avevo lavorato duramente quel particolare giorno. Eravamo nell'alta stagione dei matrimoni in India, essendo le stelle propizie per quelle unioni combinate. Durante queste cerimonie tradizionali scattai con la mia macchina numerose immagini di coppie e delle loro famiglie. Molte coppie di sposini attendevano trepidanti le foto che dovevo stampare il più in fretta possibile. Sommersa dal lavoro, chiesi a Janani se volesse

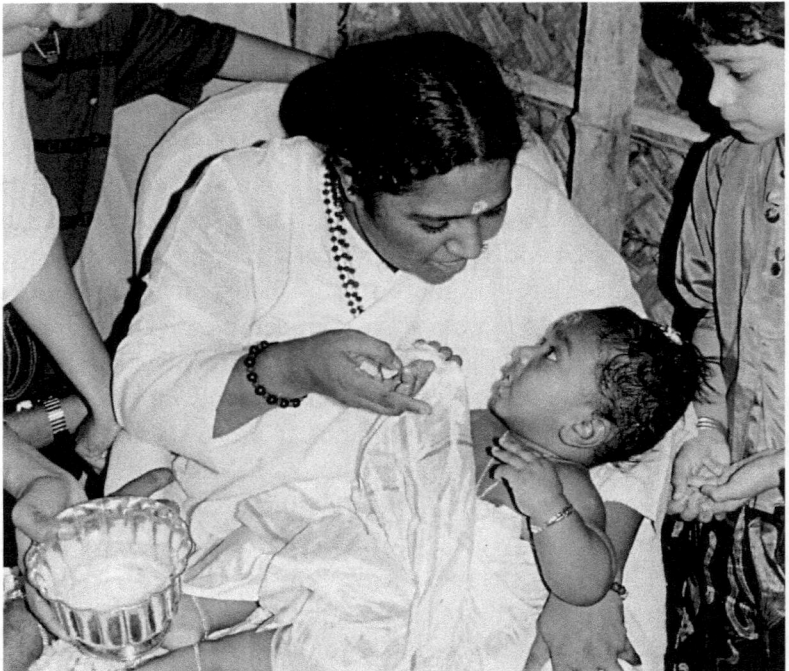

Svezzamento di un bimbo

fotografare lei il giorno successivo. Molti genitori si erano registrati per il rito tradizionale dello svezzamento, quando Amma imbocca i bambini con il primo cibo solido della loro vita. Molti di loro, avvolti nel tradizionale *mundu*, attendevano più o meno pazientemente un boccone di budino di riso. Janani avrebbe fatto le foto di quella cerimonia di buon auspicio.

Lei acconsentì volentieri perché avrebbe avuto l'opportunità di stare vicina ad Amma e vivere l'atmosfera pulsante tutt'intorno. Ero molto indaffarata a stampare le foto e dalla finestra vidi Janani attraversare il cortile di Amma per recarsi nella sala darshan. Poco dopo squillò il telefono della mia stanza: era uno degli *swami* che mi diceva di andare sul palco perché stava per iniziare lo svezzamento dei bambini.

"Oggi non vengo, c'è Janani" risposi e tornai al computer. Lo *swami*, tuttavia, non era d'accordo: voleva che là ci fosse Prabha e non Janani che, ad ogni modo, si trovava accanto a lui in attesa di fare le foto. Obiettai, ma inutilmente, e tutto ciò segnò la fine del gioco Janani-Prabha. Sapevo che quel dramma non era più

necessario. Avevo sofferto abbastanza, ero stata egoista, avevo acquisito una visione più profonda e maggiore chiarezza. Ora ero troppo cresciuta per quel gioco, come una bimba troppo cresciuta per il pupazzo del suo cuore.

Salii sul palco con la macchina fotografica, vidi Amma cir-

In attesa di Amma nel Tamil Nadu

condata da persone felici che sarebbero sprofondate a breve tra le sue braccia, vidi lo sguardo contento degli *swami* e il disappunto in quello di Janani. Era ferita e cercò rapidamente di passarmi davanti e lasciare il palco, ma la fermai e le sussurrai di accompagnarmi. La portai davanti ad Amma, la quale sembrò sorpresa di vederci entrambe davanti a lei, come due ballerine che danzano fuori tempo. "Amma", dissi senza perdere tempo, "Janani e io vogliamo essere amiche".

Amma sgranò gli occhi e un sorriso birichino le apparve sul viso. Rivolgendosi alle persone che le stavano vicino disse: "Guardate queste due. Sono sempre in lotta. Se Amma ne guarda una, l'altra è infelice. Se guarda l'altra, la prima si rattrista". Ridendo, toccò entrambe con gli indici e disse ad alta voce: "Janani, Prabha... in lotta, in lotta!".

Tenendomi ancora stretta a Janani, dissi sinceramente: "Amma, questo accadeva prima, quando eravamo piccole, ora siamo cresciute!".

Mentre Amma rideva nuovamente, mi sentii supplicare: "Amma, ti prego, fai un *sankalpa* in modo che io e Janani possiamo essere amiche". All'improvviso tutto intorno ad Amma diventò molto tranquillo. Gli indiani vicini a lei sussurrarono: "*Sankalpa*. Prabha vorrebbe il tuo *sankalpa*, Amma". Molti altri annuirono. Amma fissò a lungo lo sguardo su quelle due donne che si erano trovate assieme in circostanze così difficili.

"D'accordo", disse amabilmente. Ed ecco fatto! Il *sankalpa* di Amma, il suo amorevole sostegno, funzionò. Dopo la dissoluzione del gioco Janani-Prabha, il suo *sankalpa* ci trasformò in due colleghe che si trattano con considerazione e rispetto. Persino oggi, Janani e io siamo legate da un'affettuosa amicizia. Ringraziai Amma dal profondo del cuore per aver giocato così abilmente con noi quel gioco. Nel mio cuore c'è un posto speciale per Janani. Ho molto di cui ringraziarla e le mando un caloroso abbraccio.

23

Nuotando nel fiume

Immagina il Divino, un fiume puro e pieno,
la cui acqua pulisce i fossati sporchi e le pozze stagnanti,
purificando tutto ciò che tocca.

Amma

Durante il mio primo viaggio con Amma sedetti per tutto il tragitto in fondo al piccolo autobus dell'ashram che aveva posto per trenta persone. I due sedili a sinistra dell'entrata erano riservati ad Amma e a Swamini Amma. Nessuno si sedeva al posto di Amma quando capitava che non viaggiasse con noi ma nell'auto di un devoto. La sua *asana* era sempre sul suo posto, dandoci la sensazione che lei fosse fisicamente con noi.

Il pulmino si fermava spesso sul lato della strada e noi guardavamo Amma, sperando che scendesse dalla macchina confortevole per venire sul nostro pulmino per ridere, meditare, recitare i mantra, raccontare storie o viaggiare in silenzio attraverso Madre India.

Un giorno eravamo diretti a un programma nello stato del Tamil Nadu. Amma fu l'ultima persona a salire. Il suo sguardo cadde immediatamente sull'ultimo sedile, che si trovava proprio sopra il tubo di scappamento e senza nemmeno un finestrino da poter chiudere. I suoi occhi scintillanti incrociarono per un istante i miei e sentii il suo affetto per la nuova arrivata nel gruppo (io!) che occupava il posto peggiore.

Non mi preoccupava il fatto che il mio sari diventasse lentamente grigio: la gioia che aveva invaso il mio cuore mi aiutò a vedere ovunque solo la bellezza. Guardavo all'esterno con meraviglia e audacia, nonostante lo stile di guida a rotta di collo di Swami Ramakrishnananda, che guidava arditamente l'autobus tra le strade affollate. La nostra meta era Coimbatore, una città a circa sei ore di strada dall'ashram. Man mano che proseguivamo, il paesaggio diventava verde e le case erano sempre più rare. Ci fermammo davanti a un grande ponte e vidi numerosi miei compagni correre verso un fiume. Le parole "Oh, andiamo a nuotare!" echeggiarono nell'autobus. Presto i posti si svuotarono e venimmo tutte sospinte da una veloce corrente di donne che correvano dietro ad Amma nel giardino di una grande casa sulla riva del fiume.

Dopo esserci sfilate rapidamente il sari, legammo la sottogonna sopra il seno e seguimmo Amma che si trovava già sui gradini nel suo costume da bagno rosso. Prima d'immergerci nel fiume che scorreva placido, raccogliemmo un po' d'acqua nei palmi delle mani per farla poi scorrere lentamente sulla testa. Questo rituale sacro stabiliva simbolicamente una connessione con l'acqua che stava per accoglierci. La mia prima nuotata con Amma fu semplicemente magica. Ricordo con chiarezza i suoi lunghi capelli sciolti, i movimenti aggraziati del suo corpo mentre nuotava, la risata contagiosa. Mi sembrava che tutte le dee dei fiumi di questo pianeta si fossero incarnate nella sua forma.

Dopo aver nuotato felicemente per un po', ridendo e giocando come una bambina innocente, Amma chiese la sua saponetta, realizzata con diverse fragranze francesi, che qualcuno le aveva regalato e con la quale noi donne lavammo i suoi lunghi capelli mossi. Avevamo le mani tutte piene di schiuma, Amma rideva e interpretava la bambina ribelle che inaspettatamente s'immergeva e sciacquava il sapone prima che avessimo terminato. Poi toccò a noi. No, Amma non lavò i nostri capelli, ci prese una per una,

e con la sua saponetta ci lavò il viso con gesti decisi e molto velocemente ci calò con forza nell'acqua. Infine gridò: "Pulizia delle *vasana*, pulizia delle *vasana!*", a significare che stava rimuovendo alcuni dei tanti ostacoli che non ci consentivano di realizzare il Divino in noi.

Sarei rimasta per sempre nell'acqua, ma Amma ci esortò ad affrettarci e così ci infilammo rapidamente i vestiti e salimmo sull'autobus verso la nostra destinazione. Il programma si sarebbe tenuto la sera stessa in una grande sala.

Erano già le due di notte quando partimmo per rientrare ad Amritapuri. Questa volta sedevo proprio davanti, vicina ad Amma, e sbirciavo nell'oscurità. Felice e appagata, godevo della sua vicinanza fisica.

Swami Ramakrishnananda continuava a sfoderare la sua guida da Formula 1 mentre sfrecciavamo tra le strade tranquille.

Pulizia delle vasana

All'improvviso sentii Amma lanciare un urlo che lo fece frenare prima di una lunga curva, appena in tempo per fermarci davanti a un enorme branco di bufali. Ignorandoci completamente, gli animali si presero tutto il tempo necessario camminando con calma lungo la strada, prima di lasciar passare la nostra macchina diretta verso casa, l'ashram di Vallikavu.
Un barcaiolo ci traghettò dall'altra parte della laguna, alla luce pallida dell'alba. Arrivata all'ashram, mi sdraiai sulla mia stuoia e mi dissolsi in un sonno profondo e senza sogni, svegliandomi solo quando il sole era già alto nel cielo. In quei pochi istanti in cui giacevo sveglia prima di alzarmi, la mente riportò alla mia memoria la nuotata nel fiume e risentii anche le parole di Amma:

> *"Il maestro è come un fiume. Potete restare sulla riva, cantandone le lodi o descrivendone la bellezza. Tuttavia, qualsiasi cosa direte della magnificenza del fiume non avrà alcun valore finché non vi tufferete. Abbandonarsi a un Maestro e saltare in quel fiume richiede coraggio.*

Una volta dentro, la corrente vi porterà inesorabilmente verso l'oceano, Dio o il vostro vero Sé".

Con Amma abbiamo nuotato in numerosi fiumi dell'India, in corsi d'acqua grandi e piccoli, sacri o insignificanti. Ciò che ha sempre caratterizzato queste nuotate sono state le preghiere, i giochi nell'acqua e le parole di Amma, che ci ha sapientemente insegnato che la vita e l'amore non sono due elementi separati, ma un'unica cosa, e che per arrivare alla luce nel nostro cuore dobbiamo fluire con la vita, allinearci con i suoi valori più alti e scoprire la gioia nel servizio agli altri.

Mentre eravamo in acqua con Amma, recitavamo spesso il Gayatri mantra. Formando una coppa con le mani, raccoglievamo l'acqua che poi avvicinavamo al cuore. Al termine del mantra, versavamo quest'acqua purificata sul capo e poi c'immergevamo. Ripetevamo questo rituale ogni volta che ci si fermava con Amma a nuotare. Eseguirlo ci purificava, apriva i cuori e ci aiutava a percepire una connessione profonda con tutto quello che ci circondava.

Ci sono molti tipi di terapie che affermano di essere in grado di liberarci da impressioni, meccanismi di difesa e dipendenze che si sono formate principalmente nella nostra infanzia. Amma conosce ciò che ognuno di noi è in realtà e ha i suoi metodi per mostrarci nuove vie e insegnarci a percorrerle. Nell'energia di Amma, le cose vanno al loro posto e si crea un'apertura. Il nuovo nasce, il vecchio scompare, e noi prendiamo consapevolezza del nostro amore per il creato e della preziosità della vita.

"Se fate diventare Dio parte della vostra vita, essa verrà santificata e avrà un'influenza guaritrice su quella degli altri. Immaginate il Divino come un fiume puro che scorre in tutta la sua potenza e pulisce le pozze e le acque stagnanti dentro di voi".

Amma

24

BHAVANI E IL PICCOLO FIUME

Il luogo in cui preferivo nuotare si trovava alla confluenza dei fiumi Bhavani e Kauveri, nel Tamil Nadu. In questo posto giacciono anche le rovine di un tempio antico e si accede a quest'acqua sacra attraverso una scalinata in pietra. Ricordo la prima volta che ci immergemmo in quel *ghat* sacro su cui si compivano le abluzioni. Nonostante l'austera presenza del tempio vicino, giocammo con un abbandono infantile in quelle acque calde, recitammo ad alta voce gli *stotram* del *Lalitha Sahasranama* e ci immergemmo fra grandi risa, sentendoci totalmente connesse con Bhavani, la Grande Madre, e Amma, la nostra madre spirituale. Ogni nostro gesto era pervaso da una spensieratezza tangibile. Ricolme di gioia innocente, ci trasformammo in bambine completamente spontanee.

Quello spazio vicino al fiume era tutto per noi: in quel tratto nessuno stava lavando i panni o grandi camion. La dea Bhavani ci aveva concesso il dono del tempo e la bellezza senza tempo di Amma: avevamo tempo per giocare, recitare i mantra nell'acqua, meditare, cucinare e mangiare; tempo per sedere, la sera, sui gradoni scaldati dal sole; tempo per sentire Amma cantare e per ascoltare le sue parole nel buio.

Mentre nuotavamo con lei nel fiume, gli uomini che si occupavano della cucina accesero il fuoco per cucinare. Insieme alle *ammamar*, le donne più anziane che, per inciso, erano

Meditazione dopo una nuotata nel fiume Bhavani

154

probabilmente più giovani di me, cucinarono la *Bhavanikanji*, una minestra di riso, lenticchie e scaglie di noce di cocco. L'avevamo chiamata così dal nome del fiume Bhavani e nessun'altra minestra al mondo è così gustosa. Il suo sapore era esaltato dalla santità del luogo, dalla maestosità del fiume, dalla presenza di Amma che traboccava di beatitudine e dalla nostra felicità di esserle così vicini.

Non dimenticherò mai una foto di quella giornata: Amma nel suo costume da bagno rosso che, come una ragazzina spensierata, passeggiava sui gradoni del fiume tra i vari banchetti che vendevano tè e souvenir benedetti, con i capelli ricci umidi e sciolti e un telo leggero sulle spalle. Qualcuno le aveva dato un oggetto interessante che assomigliava a uno strumento: un tubo di carta multicolore con un bocchino a un'estremità. Quando Amma ci soffiò dentro, il tubo si allungò come un serpentello che si sveglia dal sonno ed emise un suono acuto che riconobbi, avendolo udito da bambina quando mi recavo alle fiere locali. Che immagine eccezionale! Amma, nel suo costume da bagno lungo fino alla caviglia, che suona in quel tubo seguita da tutti noi.

155

Camminavamo felicemente tra un banchetto e l'altro, con lei che continuava a suonare nel tubo. Come ricompensa finale, ci comprò una tazza di *chai* e condivise un pacchetto di biscotti con noi. Chi avrebbe mai pensato che quella ragazza che si aggirava così spensierata era Mata Amritanandamayi Devi, una delle più grandi sante di ogni tempo, l'incarnazione del puro Sé? Sin da piccola, lei ha dedicato se stessa a servire il mondo senza farne parte. Amma vive tra noi, gioca, ride, canta e prega con noi. Scendendo al nostro livello, apre la porta che conduce alla nostra intimità più profonda guarendone i dolori.

Quella notte, seduti sui gradoni di pietra, mentre Amma cantava nel buio della notte, riuscivo di tanto in tanto a intuire la sua unità con tutto il creato, che traspariva dal suo canto e dalla vibrazione intensa che produceva. Il suono della sua voce racchiudeva in sé il fiume e la santità dell'antico tempio ed anche le pietre sulle quali sedevamo, il cielo con le sue stelle, l'intero universo e pure Prabha, che si sentiva così piccola e al tempo stesso così vasta nell'amore e nell'unità con il Tutto.

Trascorremmo due notti presso il fiume Bhavani. Ho quasi dimenticato la prima, quando dormii sul pavimento del padiglione turistico, ma ricordo bene la seconda. Viaggiavo nell'ultimo pulmino che faceva parte del convoglio di Amma, il veicolo più vecchio e lento. Feci tutto il percorso seduta su un grande macchinario da cucina indiano. Una coperta a quadri copriva un grande contenitore con una macina che mi faceva da sedile, mentre mi tenevo aggrappata a un palo di metallo dell'autobus. A quei tempi, le strade indiane erano davvero in pessime condizioni. Di notte mi legavo a quel palo con della stoffa e in quel modo riuscivo perfino a dormire un po'.

Un paio d'ore prima di arrivare al fiume Bhavani, il motore del nostro autobus cominciò a fumare. Una nuvola nera di fumo entrò nel veicolo, costringendoci ad abbandonarlo. Fui la prima a scendere poiché il mio sedile si trovava proprio vicino all'unica porta, in fondo all'autobus. Quando andai a vedere da dove provenisse il fumo, i due autisti avevano già aperto il cofano ed erano intenti a spegnere il fuoco con le nostre bottiglie d'acqua. Abbattuti, stavamo accanto all'autobus. Ero certa che in quel momento l'unica cosa nella nostra mente fosse Amma e l'aver perso l'opportunità di bagnarci con lei nel fiume Bhavani. Osservando il motore dissi con noncuranza: "Avviate il motore ancora una volta". Tutti mi guardarono sorpresi e pensarono che stessi delirando in stato di shock. Ad ogni modo, uno degli uomini si arrampicò nella cabina del guidatore e girò la chiave. E fu così che il nostro amato pulmino, che ci aveva trasportato per tantissimi stati dell'India, si rianimò e cominciò a muoversi. Ci precipitammo ai nostri posti e il viaggio proseguì. Solo più tardi, quando calò rapidamente il buio, come accade in India, scoprimmo che alcune parti del dispositivo che alimentava i fari erano bruciate. Non era per nulla insolito circolare sulle strade dell'India con un veicolo senza fari. Tuttavia la situazione precipitò quando ci avvicinammo al ponte bianco, lungo e stretto, sopra il fiume Bhavani, che ci avrebbe condotti al tempio sacro e al *ghat* dove avremmo potuto bagnarci. Poiché non volevamo rischiare di attraversarlo senza luci, con le macchine provenienti dalla direzione opposta, dovemmo aspettare sul ciglio della strada per più di un'ora prima di essere salvati da uno degli altri veicoli dell'ashram.

Tutte le speranze di fare il bagno con Amma erano svanite. Quando alla fine arrivammo ai bungalow era mezzanotte e i nostri compagni di viaggio dormivano profondamente in due degli edifici completamente occupati. Vedemmo Amma in piedi davanti alla porta della sua camera, con un viso che esprimeva compassione mentre ci informava che non c'era più posto nelle stanze affittate. Ci disse di dormire sulla sabbia e di formare un cerchio con il capo rivolto all'interno e le gambe verso l'esterno, poiché probabilmente avremmo condiviso lo stesso spazio con un branco di maiali selvatici che la notte vagava in cerca di cibo. Sebbene amareggiati, seguimmo il consiglio di Amma e formammo un cerchio, guardando con attenzione per un po' i nostri amici a quattro zampe che si aggiravano lì vicino, e poi ci addormentammo. L'indomani ci svegliammo al sorgere del sole e tutta la tristezza della notte prima si sciolse nell'acqua, mentre assieme ad Amma facevamo il bagno mattutino nel fiume.

L'ubicazione dei templi *Brahmasthanam*, luoghi santificati, consacrati e benedetti da Amma, determinano il percorso del tour annuale dell'India del Nord, che ci porta, passando da Bombay, fino a Delhi e poi a est, a Calcutta.

Nell'India del Nord era molto più difficile trovare un fiume in cui poter nuotare e quindi eravamo grati quando i nostri veicoli

Il meraviglioso Bhavani

si fermavano vicino a un piccolo ponte. Scendevamo lungo un argine ripido per raggiungere Amma e le persone che l'accompagnavano, che ci aspettavano sulla riva di un piccolo corso d'acqua. L'acqua che serpeggiava tra i grandi massi era fredda. Impossibile nuotare. Ciò nonostante eravamo contenti dell'opportunità di sgranchirci le membra e di rinfrescarci con una breve immersione. Sedevo nell'acqua su una pietra coperta di muschio, immersa fino alle spalle, quando sentii un forte dolore alla mano che si diffuse in tutto il corpo.

Proprio in quello stesso istante sentii Amma esclamare: "Uscite in fretta dall'acqua, andiamo via da qui!". La vedevo già arrampicarsi sull'argine. Noi donne ci avvolgemmo rapidamente nei sari. Per gli uomini fu più semplice e raggiunsero subito la strada. Non avevo tempo di preoccuparmi della mano dolorante e fu solo quando crollai sul sedile dell'autobus che le diedi uno sguardo e sussultai inorridita: il pollice, l'indice e metà del dito medio erano gonfi e assomigliavano a dei salsicciotti. Fui presa dal panico. Cercai con gli occhi Amma, ma mi dissero che era già partita.

Guardavo con paura il gonfiore aumentare ad ogni istante, diffondendosi fino all'anulare. Consultai un medico che si trovava sull'autobus che mi disse: "Beh, l'unica cosa che puoi fare ora è pregare". Lo stavo comunque già facendo da quando avevo scoperto l'accaduto. Continuai a pregare con tutto il cuore Amma affinché mi aspettasse e mi salvasse dal dolore e dal panico. Eravamo in viaggio da meno di un quarto d'ora quando tutti gridarono: "Guardate, c'è Amma!". In effetti, mi stava aspettando seduta vicino a un fiume ampio e profondo e così corsi verso la riva. Tra lei e il fiume c'era proprio lo spazio necessario per sederle

vicino e mostrarle la mano. La toccò silenziosamente e la mise sul suo ginocchio. Tutti parlavano ad alta voce chiedendo cosa mi fosse successo. Solo Amma restava completamente immobile.

Si mise una mano nei suoi lunghi capelli sciolti, prese una ciocca scura, la allungò afferrandola con il pollice e l'indice di entrambe le mani e la sfregò per un po' sulla mia mano, continuando questo rituale con un'altra ciocca. A quel punto tutti si erano tranquillizzati e regnava il massimo silenzio. Con timore reverenziale osservavano Amma che mi guardava profondamente negli occhi e mi diceva: "Fra dieci ore sarà tutto passato, ma alle quattro non potrai prendere, come gli altri, il tè o i biscotti".

Prima di arrivare da Amma ero stata una studentessa di uno sciamano per molti anni. Nell'ashram mi mancavano le speciali cerimonie sciamane, il cerchio dei tamburi, la saggezza dei Nativi Americani e la loro connessione con la natura. Questo fu il mio sacrificio più grande, maggiore dell'avere rinunciato ai miei beni materiali. Adesso Amma mi mostrava, attraverso il rituale di guarigione con la sua ciocca di capelli, di conoscere questo mio aspetto. Altrimenti, perché avrebbe scelto di curarmi la mano in

Il pulmino del tour dell'India del 1995

quel modo quando con un semplice sguardo poteva rimuovere il dolore e il gonfiore? Mi sentii molto grata per questo suo *lila* ed ero desiderosa di offrire qualcosa in cambio. Così accettai, felice di rinunciare non solo al tè e ai biscotti, ma anche alla cena. Ritornai all'autobus sollevata e senza paura, sapendo con certezza che lei si sarebbe presa cura della mia mano che sarebbe guarita completamente, come aveva promesso.

Ci fermammo nuovamente al crepuscolo per una cena a base di *idli* (sorta di polpette di riso) insieme ad Amma. I *brahmachari* erano ansiosi di sapere cosa mi aveva morso e stavano attorno ad Amma per condividere con lei le più strane supposizioni.

Continuarono a prendermi in giro mentre divoravano, affamati, gli *idli*: "Tu non puoi mangiare, Prabha. Per nessuna ragione puoi mangiare qualcosa". Non immaginavano che non m'importava affatto digiunare; al contrario, questo gesto mi faceva sentire ancora più connessa con Amma. Lei mi aveva fatto capire che conosceva il mio passato sciamanico, una prova ulteriore della sua onniscienza. Amma non parlò più di cosa mi avesse morso nell'acqua, ma dieci ore dopo il gonfiore era diminuito e continuai il viaggio con la mano completamente guarita.

Quella notte, quando raggiungemmo il luogo dove avremmo dormito, ci accorgemmo che mancavano due valigie. I ladri le avevano sottratte dal tetto dell'autobus durante la sosta per la cena, mentre eravamo tutti impegnati a fare congetture con Amma sulla creatura misteriosa che mi aveva morso la mano nel fiumiciattolo.

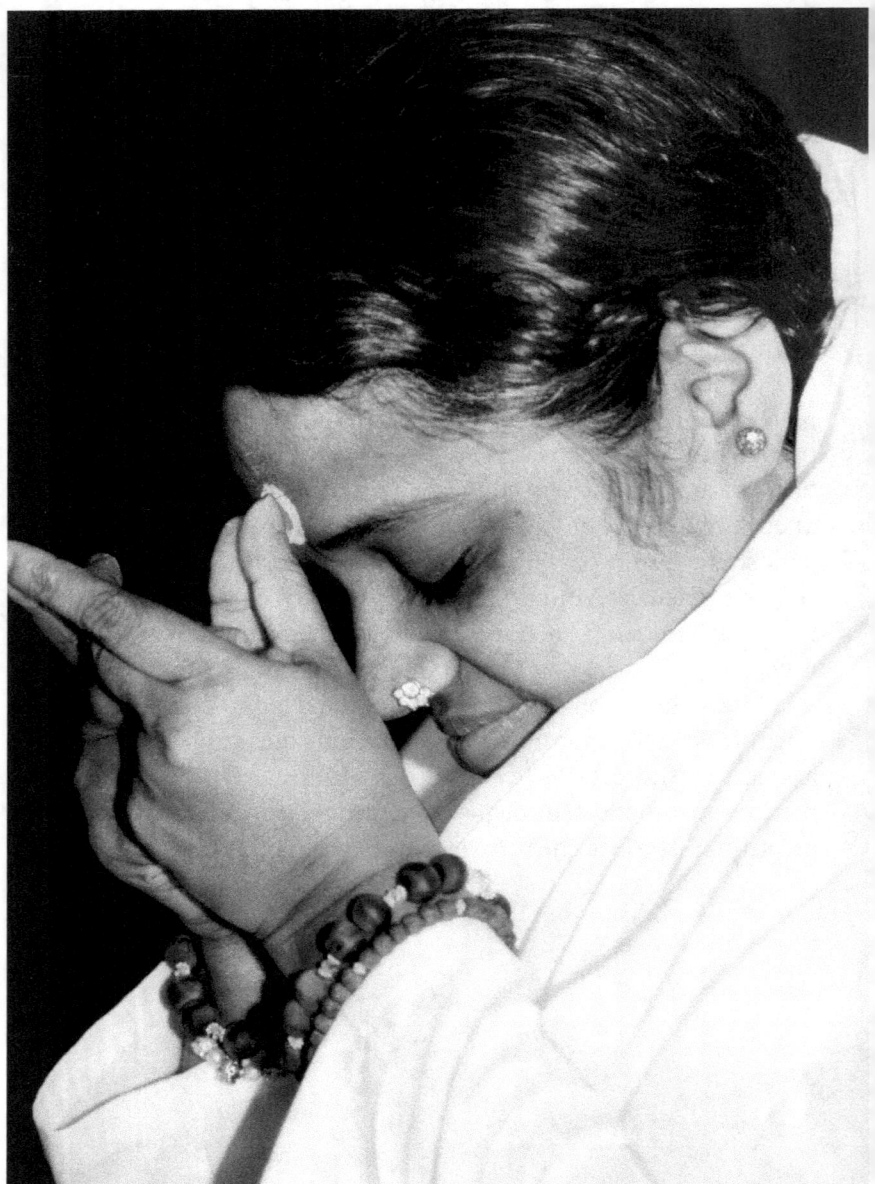

25

GAYATRI-MANTRA

OM

OM BHUR BHUVAH SVAHA
TAT SAVITUR VARENYAM
BHARGO DEVASYA DHIMAHI
DHIYO YO NAH PRACHODAYAT

OM

MEDITIAMO SULLO SPLENDORE DELLA LUCE DIVINA,
IL SOLE DELLA PURA COSCIENZA CHE VENERIAMO.
POSSA LA SUA LUCE ILLUMINARCI.
POSSIAMO NOI FARE ESPERIENZA DELLA VERITÀ SUPREMA.

Fu in Australia, molti anni prima, che scoprii l'immensa energia spirituale che si può evocare con la recitazione del Gayatri mantra. Ci trovavamo con Amma in una casa con un giardino che vantava una piscina spettacolare, dai bordi composti da grandi e massicci blocchi di pietra lavica marrone rossiccia. Diverse piante tropicali dalle grandi foglie costeggiavano l'acqua e facevano ombra alle rocce, creando uno scenario che ricordava un laghetto immerso nella natura. Un'ampia pedana galleggiante di legno si allungava come una penisola sull'acqua che rifletteva il cielo del primo mattino. Decisi di rimanere in piscina per qualche ora a meditare.

Stavo per rientrare in casa quando vidi Amma, seguita da una mezza dozzina di altre sorelle in Amma, arrivare per fare una nuotata. Si sedette vicino a me sulla pedana e poco dopo si trovò immersa in una discussione con una giovane americana sulle relazioni e sui bambini. Ero molto attenta a quello che dicevano perché anch'io avevo avuto una relazione e dei figli. Sentii Amma dire: "Per te va bene impegnarti in una relazione, ma sarebbe meglio che fosse senza figli. Nella situazione in cui ti trovi, come

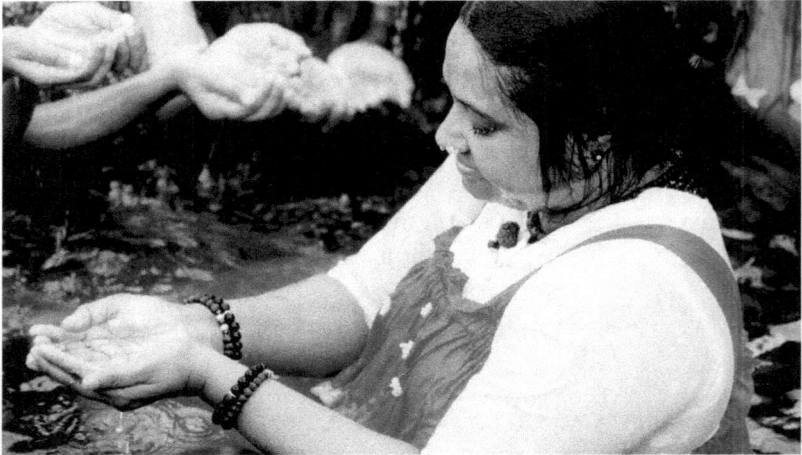

potresti dar loro l'amore necessario?".

Appena udii le parole di Amma, il mio stato di consapevolezza mutò. La piscina con la sua pedana in legno sulla quale sedevamo svanì e io venni trasportata nella mia vita precedente in cui ero una giovane donna. Rivivendo le sensazioni e le emozioni del passato, riuscivo ad immaginare quanto avessi cercato di essere una buona moglie e una buona madre, e di amare le mie figlie e mio marito facendo del mio meglio. In qualche modo, grazie alla presenza di Amma, adesso affioravano tutte le mie restrizioni e barriere nei confronti dell'amore vero.

Sentii così intensamente il dolore di essere intrappolata in un corpo dominato dalla mente e dalla mia limitata capacità di amare che scoppiai a piangere. Piangevo per le mie figlie, per la mia famiglia e per tutti i bambini e le famiglie di questo mondo.

Piangevo per la prigione nella quale mi trovavo, per i limiti e la reclusione in cui si trovano tutti gli esseri umani. Fui travolta da un dolore a cui non ho ancora dato un nome. Mi sentivo colpevole ma al tempo stesso non colpevole, sapevo di condividere quel destino con il resto dell'umanità.

Mi accorsi che Amma aveva allungato i piedi e li aveva appoggiati sulle mie ginocchia. Mi tenni stretta ai suoi piedi divini, bagnandoli con le lacrime che sgorgavano incessantemente dall'immenso dolore nel mio cuore.

Poiché le lacrime sembravano non finire, Amma mi chiese con fermezza di alzarmi e, dopo avermi stretta per un attimo, mi buttò in acqua completamente vestita. Sprofondai e sempre piangendo nuotai fino all'altro lato della piscina dove mi nascosi tra le grandi foglie delle piante che crescevano ai margini. Nel frattempo Amma e le altre donne erano entrate in acqua. Avevano formato un cerchio e il canto del Gayatri mantra mi raggiunse. Il mantra irruppe dentro di me come una consolazione paradisiaca, che toccò il mio cuore gentilmente ma con grande forza, e pose fine alle lacrime. Uscendo dal mio nascondiglio, nuotai verso Amma e mi unii al cerchio sacro delle sorelle che stavano recitando il Gayatri mantra.

26

L'ANELLO

Concedimi la grazia di prostrarmi
profondamente alla terra
affinché la mia vita si radichi
nel terreno del tuo Amore.

Prabha

Ho dato alla luce mia figlia in Sudafrica e, mentre osservavo la piccola, mi sentivo piena di gratitudine, gioia e meraviglia. Per celebrare l'evento, mio marito mi regalò un anello magico, a forma di fiorellino: al centro aveva uno zaffiro blu e la sua corolla era formata da petali di brillanti. Immaginai che lo splendore di questi diamanti scaturisse dal nostro amore reciproco e dalla gioia per la famigliola che avevamo creato.

Ero certa che avrei indossato per sempre quell'anello, testimone inestimabile del nostro amore. M'immaginavo nonna con quel gioiello al dito di una mano rugosa. Stavo vivendo un momento di profonda connessione ed unione paradisiaca. Purtroppo la realtà fu ben diversa: ci separammo quando i bambini diventarono più grandi e l'anello al dito mi ricordava il dolore di quella separazione impensabile e inaspettata. Finii per non

indossarlo più e nove anni dopo, quando incontrai Amma, misi nella sua mano questo anello, impregnato delle mie gioie e amarezze.

A quel tempo Amma indossava spesso un anello che le avevano donato durante un Devi Bhava. Un giorno Swamini mi sussurrò: "L'anello che hai dato ad Amma è ancora nella sua stanza. Forse lo metterà stasera". Verso la fine del Devi Bhava mi misi in fila per il darshan e, quando m'inginocchiai davanti ad Amma, lei mosse con noncuranza la mano davanti ai miei occhi. L'anello brillava al suo dito medio, simbolo della mia famiglia, che sentivo dimorare sicura nelle sue mani, sotto la sua protezione.

Dopo il darshan meditai a lungo vicino ad Amma. Nella mia mente scorrevano le varie fasi della mia esistenza e vidi il giardino della mia vita pieno di girasoli ed erbacce che avevo piantato personalmente. Un velo di gratitudine e accettazione scese, rinfrescante, sulle mie gioie e sui miei dolori. Capii quanto scarso controllo avessi sulla mia vita che, in realtà, era guidata da un potere maestoso ed eterno. A poco a poco i pensieri si calmarono e rimasi seduta immobile, osservando Amma che attraverso il suo abbraccio entrava in contatto con l'Amore e la Luce presenti nel cuore delle miriadi di persone che giungevano tra le sue braccia. Un mese più tardi seguii Amma nel tour europeo. A quei tempi le sale del programma e i gruppi che la seguivano in tour erano piccoli. In genere alloggiavamo assieme ad Amma in case private. Il programma vicino ad Assisi si teneva in un grande casolare che apparteneva a una comunità spirituale ed era il clou del nostro viaggio attraverso sette stati europei. Il grande ma confortevole casolare in pietra era adagiato tra dolci colline sinuose coperte di ginestre e accoglieva con sollecitudine la fiumana di devoti di Amma che arrivavano felici giorno dopo giorno. Le stanze fervevano di vita e di attività come un alveare. Le persone erano indaffarate in cucina, all'interno della casa e in giardino e recitavano il loro mantra. Nell'aria si percepiva una sensazione di pace che si propagava come un'onda nello spazio e aiutava i nostri sensi ad aprirsi alla bellezza della natura. Ci sentivamo profondamente grati per quei momenti che trascorrevamo con Amma.

Il darshan si teneva sotto un'ampia tenda bianca sistemata su uno spiazzo ampio e quadrato, creato con un bulldozer. Di giorno i lati della tenda rimanevano alzati durante il darshan, permettendo così ad Amma di poter ammirare lo stupendo panorama. Il vento del sud, carico del profumo di fiori selvatici, soffiava nella tenda, portandovi frescura, ventilando i devoti seduti a terra e diffondendo la melodia dei *bhajan* nella campagna circostante.

Dopo quattro giorni Amma partì per il programma successivo nel sud della Francia. Le persone cantavano, ridevano e piangevano mentre la carovana di Amma riprendeva il cammino. Amma sedeva nel primo veicolo e porgeva la sua mano a quelli che restavano per un ultimo tocco. Io rimasi ad Assisi per pulire la cucina e l'indomani partii in treno per Parigi, dove mi chiesero di aiutare ad allestire le stanze per Amma e il suo gruppo in una casa situata nei sobborghi. Non sapevo però che il mio anello continuava ad accompagnare Amma e che avrebbe brillato al suo dito durante il Devi Bhava a cui non avrei assistito nel sud della Francia.

Non c'ero quindi quando lei benedisse tutti con i petali al termine del Devi Bhava successivo, ma quando arrivò a Parigi con il gruppo mi fu detto come, verso la fine del Devi Bhava, Amma avesse involontariamente gettato l'anello sulla folla insieme ai petali. Era troppo largo per il suo minuscolo dito e ora che l'anello era andato perso, Amma era preoccupata.

Dopo il tour europeo, alcuni di noi poterono restare con Amma in una piccola casa in Alsazia, la casa che sarebbe poi diventata il primo ashram di Amma in Europa. Mentre quella sera

entravo nel giardino adiacente la casa, con mia grande sorpresa vidi Amma seduta da sola sotto un melo. La sua bianca figura irradiava pace e quiete: sembrava l'incarnazione di Madre Terra.

Questa Madre Terra mi sorrise e con la mano mi fece segno di avvicinarmi. Timidamente mi sedetti sull'erba davanti a lei. Dopo un po' fummo raggiunte da altre persone e Amma ruppe la quiete dicendo che ci avrebbe narrato una storia.

Uno *swami* tradusse le sue parole mentre lei iniziava a raccontare: "Uno di voi ha dato ad Amma un bellissimo anello. Quel gioiello non era fatto solamente d'oro e di pietre preziose, ma conteneva anche il cuore di quella persona che lo aveva donato ad Amma, assieme all'anello. Ma cos'ha fatto Amma? Lo ha perso!". A quel punto Amma s'interruppe. Il suo volto aveva un'espressione drammatica, ma ben presto fu rischiarato da un sorriso e lei continuò il racconto. "Amma è molto felice perché hanno ritrovato l'anello tra le migliaia di petali sul pavimento della sala darshan e ora quel cuore è di nuovo molto vicino ad Amma".

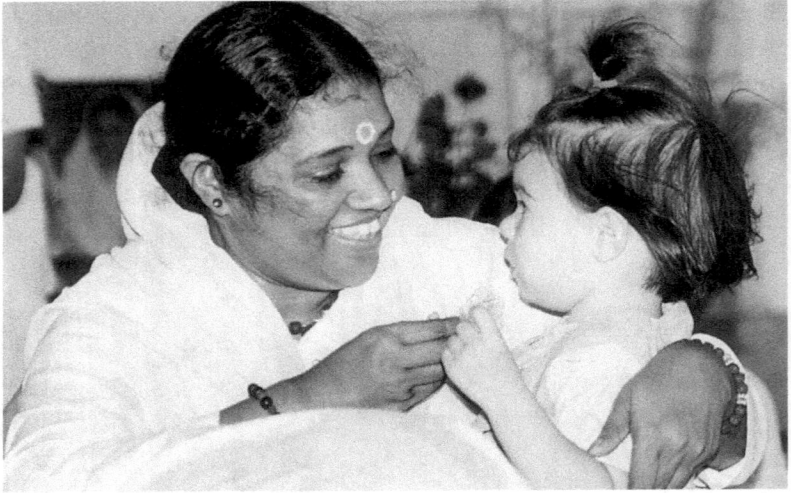

L'indomani, mentre eravamo all'aeroporto, qualcuno mi mise in mano l'anello e disse: "Ecco il tuo anello". "Il mio anello?" mi chiesi. Per me, aveva un significato diverso e più profondo: era molto di più di un semplice oggetto di metallo e di pietre preziose. Amma aveva visto il mio cuore in quell'anello e lo aveva accettato. Serena, lo consegnai a Swamini affinché lo mettesse in vendita. Cos'altro avrei potuto fare? Come avrei potuto offrire ad Amma il mio cuore una seconda volta?

Sei mesi dopo sedevo nella sala darshan nell'ashram di Amma a La Réunion, circondata da dozzine di donne locali che mi aiutavano a mettere la *vibhuti* (cenere sacra) nei pacchettini con il logo dell'ashram. Lavoravamo con attenzione e gioia, pensando che Amma avrebbe presto avuto in mano i frutti del nostro lavoro e benedetto con essi i devoti. Mentre svolgevamo quel *seva*, percepivamo la sua vicinanza. Improvvisamente, nel mezzo del lavoro, dovetti fermarmi. Non riuscivo a credere ai miei occhi: una delle donne del nostro cerchio indossava l'anello. Non c'erano dubbi, era proprio il mio. Sbalordita, seguivo felice i movimenti di quella mano graziosa mentre con un cucchiaino versava la *vibhuti* grigia nel sacchettino. M'immersi nello sfavillio dello zaffiro e dei brillanti e senza svelare il mio segreto mi rivolsi alla donna ed esclamai: "Che magnifico anello indossi!".

Due occhi mi guardarono gioiosi e lei rispose con una risata: "Sì, è davvero stupendo. Pensa che mio marito ha voluto regalarmelo per la nascita del nostro primo figlio e mi ha detto che è stato indossato da Amma!".

Risi e continuai nel mio lavoro, sorpresa dalla storia dell'anello che, sono sicura, continua ancora oggi.

27

LE CARTE DI AMMA

Chiama, senza aspettative.
Sii la CHIAMATA.
E allora io sarò lì.

Prabha

Spesso sono stata la fotografa ufficiale delle cerimonie nuziali quando Amma benedice gli sposi con un rituale tradizionale. Sono sempre cerimonie piene di colore e, nonostante la sequenza fissa delle varie fasi, ogni matrimonio è sempre nuovo e unico. La storia che sto per raccontarvi iniziò quando Amma sposò una coppia di Trivandrum. Dopo qualche giorno le portai le foto perché le approvasse. Si fermò ad osservarle, ne prese una e disse: "Vorrei che questa fosse venduta nel negozio dell'ashram".

Mi mostrò la foto che ritraeva un'Amma interiorizzata, seduta con gli occhi chiusi, in una pace senza tempo. Le mani erano aperte e ricolme di petali bianchi, mentre il *mala* o la ghirlanda che poggiava sul suo seno formava un cuore. Che cosa aveva visto Amma in quella foto che io non avevo notato? Sapeva che le foto

con lo "sguardo diretto", ovvero Amma che guarda direttamente negli occhi una persona, sono quelle più vendute. Al banchetto dei libri non scelgono mai foto in cui lei ha gli occhi chiusi e, nonostante il suo desiderio, quella foto non venne messa in vendita. Tuttavia ne feci una copia e la riposi nel mio archivio fotografico dove restò per molti anni. Non fu mai e poi mai scelta per essere pubblicata. Quasi quindici anni dopo, mentre selezionavo le foto per un mazzo di carte che stavo pensando di vendere durante i tour di Amma all'estero, scelsi volutamente quella foto perché mi ricordai quanto fosse cara ad Amma.

Quando oggi guardo quella foto, rammento la preghiera di Amma per la pace e l'armonia nel mondo. Durante l'invocazione delle parole sanscrite *"Lokah Samastah Sukhino Bhavantu"* (Che tutti gli esseri di tutti i mondi possano essere felici e in pace), Amma ci chiede di visualizzare i fiori bianchi della pace che scendono dal cielo sulla Terra. Li vediamo cadere sui monti, sulle valli, sulle foreste, sui laghi, su ogni animale e su ogni essere umano. In quella foto, Amma non appare forse come la personificazione della dea della pace, pronta a spargere sul mondo intero i fiori bianchi che tiene nelle mani?

Un'altra foto che per me riveste un significato speciale finì in quel mazzo. Si trattava della prima delle mie foto in cui avevo scoperto nello sguardo di Amma la realtà infinita dell'unica Verità. Vidi questa stessa espressione nei suoi occhi durante una pausa pranzo di un tour nel nord dell'India, mentre il gruppo che viaggiava con Amma riposava intorno a lei in una foresta di alberi della gomma. Per me, questa era la foto di un *Mahatma* assorbito nel *Brahma Lokah*, il regno in cui dimora il Divino.

Nell'estate del 2010 il mio progetto era quasi terminato e fui in grado d'inviare con un conoscente l'intero mazzo di carte in America, mentre Amma era in tour. Non riebbi le carte, ma ricevetti l'approvazione di Amma. Felice, mi sentii spronata a ultimare con i tocchi finali il progetto. In autunno avevo pronto un secondo mazzo e lo portai con me nel tour europeo. Un giorno, lo mostrai a Swamiji per il consenso. Dopo una rapida occhiata, mi chiese se sulle carte fossero riportate le frasi originali di Amma, come indicato nell'indice. Risposi di no e gli spiegai che avevo riletto tutti i libri di Amma, riflettuto sui suoi insegnamenti e realizzato le carte pensando ai figli occidentali di Amma. A quel punto, lui credette che, in America, Amma non le avesse benedette e approvate. Prese il mazzo e andò da Amma per mostrarglielo di nuovo.

Devo ammettere, con vergogna, che quando mise in dubbio l'approvazione di Amma, reagii con un sacco di pensieri negativi. A dire il vero, non so perché, pensavo che sarebbe tornato con un "No".

Quella sera, mentre lavoravo al computer, Swamiji passò inaspettatamente da me prima che Amma arrivasse per i *bhajan* e il *satsang*. Depose la scatola decorata con fiori di loto davanti a me, sul tavolo, e gentilmente disse: "Amma vuole queste carte e ce n'è una che le piace particolarmente. Apri la scatola. Si tratta della prima del mazzo".

Aprii lentamente la scatola con reverenza e fui travolta da un'ondata di felicità. Amma le aveva davvero guardate! Ne ero sicura perché quella che vidi per prima era proprio la foto che aveva scelto più di quindici anni prima e che aveva chiesto di mettere in vendita nel negozio indiano dell'ashram. Quale Grazia! Amma mi aveva sentita, aveva percepito la mia negatività, riconosciuto i miei dubbi e accettato il lavoro nella sua totalità. La scelta di quella foto era come una comunicazione in codice.

"Prabha!", la voce di Swamiji mi risvegliò dai miei sogni, "c'è una seconda carta che è cara ad Amma. È sotto la prima".

Quando sollevai lentamente la prima carta, i miei occhi si riempirono di lacrime. Era la mia preferita. Mi sentivo piena di gratitudine. Amma aveva creato tutta questa situazione con Swamiji perché diventassi più consapevole della sua costante presenza? Voleva mostrarmi di nuovo un barlume della Verità che la mia mente non sarà mai in grado di cogliere nella sua infinità?

Mi vennero in mente le parole di Robert Adams:

"Dovreste sapere che ogni azione del Maestro ha lo scopo di portarvi a realizzare il Sé. Dipende solo da voi sapere, sentire e rendervi conto di questo fatto. Non pensate mai che il Maestro pensi o faccia qualcosa come fareste voi. Il saggio sembra una persona comune, come voi, ma la somiglianza finisce lì. Pertanto, non cercate di capire il saggio e il suo modo d'agire. Semplicemente, amatelo: non dovete fare altro".

28

UN FILM

Voi vedete il mondo secondo le vostre percezioni.

Amma

Se li guardiamo dalla giusta prospettiva, possiamo imparare anche dai fatti più insignificanti della vita. Quando incontrai Amma per la prima volta nel programma che si svolse sulle montagne svizzere, avevo i capelli lunghi e rossi, tinti con l'henné. Erano il mio tratto distintivo. Ero "quella alta con i capelli rosso fuoco". Quand'ero giovane facevo la modella per un famoso stilista francese e a quel tempo potevo indossare con disinvoltura qualsiasi sua creazione; i parrucchieri che si occupavano delle star si prendevano cura dei miei capelli e quando ero pronta sfilavo con quei capi vergognosamente costosi con i miei capelli color fiamma.

Ma fu proprio allora che mi sentii attratta dall'ashram di Amma. Avevo quarantasette anni e le mie figlie erano quasi ventenni. Insegnavo in una scuola di musica e costruivo diversi tipi di flauti in bambù. Mi sembrava ovvio (anche se Amma apre le braccia senza esitazione a qualsiasi persona) che non avrei potuto presentarmi nel suo ashram in India con dei capelli rosso fuoco. Volevo avere un aspetto semplice e passare inosservata tra la folla, non essere un pugno nell'occhio.

Prima d'incontrare Amma, quando realizzavo flauti

Con questo pensiero in mente, fissai un appuntamento con un'amica per un taglio di capelli nel suo piccolo chalet alpino in cima alle montagne, al limite della neve, dove le mucche pascolavano sui vasti prati erbosi e le taccole volavano in cerchio nel cielo. Accendemmo un grande fuoco vicino alla baita. Volevo compiere in questo fuoco un'offerta rituale dei miei capelli e di tutto ciò che sarebbe stato d'ostacolo alla mia evoluzione spirituale in India. La mia amica era una parrucchiera autodidatta raffinata e ben presto sentii la fredda brezza di montagna accarezzare i miei capelli corti, alla vana ricerca di lunghe ciocche da scompigliare e con le quali giocare.

I miei lunghi ricci bruciavano nel fuoco e noi guardavamo stupite quanta mia forza vitale celassero. Il fuoco scoppiettava e scintillava, le fiamme salivano verso l'alto e presto i miei capelli diventarono cenere. "Che processo di trasformazione!", mi dissi. Poco dopo fantasticavo sui giorni che mi aspettavano nell'ashram, dove tutti i miei fardelli di vecchie abitudini e impressioni sarebbero bruciati con la stessa facilità nel fuoco divino di Amma. Non

avevo però capito che tale processo non sarebbe stato indolore
come quello di tagliare e gettare nel fuoco i miei capelli.

Fu così che arrivai in India, con i capelli corti spruzzati di
grigio. Nonostante mi fossi preparata con cura, restavo la pallida
forestiera accanto alle donne indiane con i loro lunghi capelli neri
raccolti in trecce o in uno chignon. Dopo qualche mese persino i
miei capelli grigi avevano raggiunto la loro antica e fiera lunghezza e
potevo facilmente intrecciarli o raccoglierli. Senza un asciugacapelli
o uno specchio a disposizione, camminavo nell'ashram con i capelli
a volte bagnati, frettolosamente intrecciati o raccolti. Inutile dire
che, contrariamente alle mie supposizioni, non c'era alcun rapporto
tra la lunghezza dei capelli e la mia appassionante vita all'ashram.

Dopo molti giorni di capelli portati senza averne troppa cura,
incontrai una donna con un taglio a caschetto che era venuta ad abitare nell'ashram. I suoi capelli erano completamente grigi e molto
corti. Una meraviglia! Guardandoli, mi ricordavano l'essere liberi
e senza vincoli. Oramai avevo accettato il fatto che, pur portando
la treccia, non sarei mai riuscita a integrarmi completamente nella
cultura indiana e cominciai a sognare di nuovo un taglio corto.

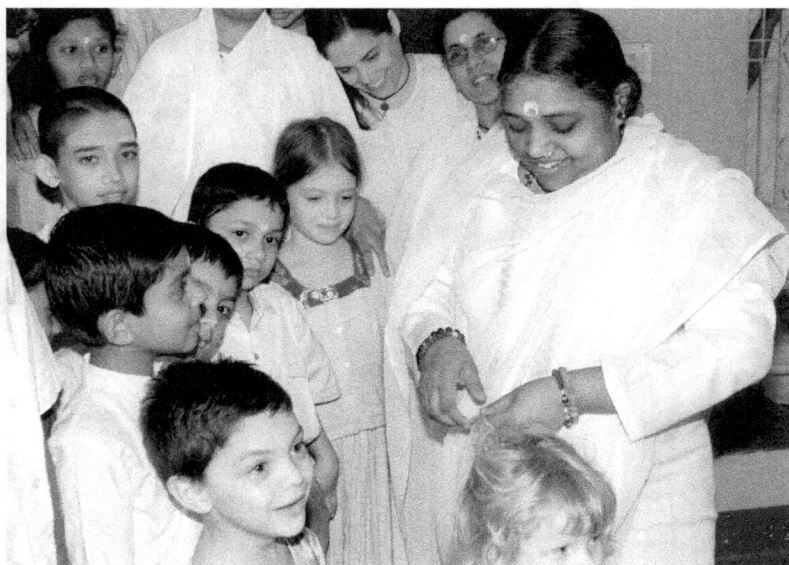

Le ragazze indiane mi assicurarono tuttavia che i capelli lunghi erano come un'antenna che capta energie invisibili e che potevano mettermi in contatto con forze molto sottili. Spiacente, ma non riuscirono a convincermi e un giorno, mentre Amma era in Australia, mi recai dall'amica con i capelli a caschetto, che in quel momento era diventata la mia parrucchiera. Mi liberai delle lunghe trecce, rincuorata nel vedere che mi piaceva la mia immagine nello specchio. Sfortunatamente solo poche sorelle occidentali condividevano questa opinione.

Le sorelle indiane erano inorridite ed erano convinte che ad Amma non sarebbe piaciuto il mio nuovo taglio. Sì, forse mi avrebbe persino fatto una ramanzina. Sapevo per esperienza che a lei non importa come consideriamo il nostro corpo. Le fa piacere vedere che ce ne prendiamo cura, lo manteniamo in salute con lo yoga, lo vestiamo con abiti puliti e semplici senza sprecare però troppo tempo in queste attività. Amma stessa è sempre perfettamente vestita anche se il modello, il tessuto e il colore bianco delle sue vesti sono identici, gli stessi di quando la incontrai nel 1989. L'abito che indossa è semplice, bianco, senza maniche e

leggermente pieghettato in vita. Su questa veste, avvolge, drappeggiandolo, un tessuto bianco, leggero e fine, un mezzo sari.

Prima d'incontrare Amma, una veggente inglese mi aveva predetto che avrei sposato qualcuno in uniforme. Mi opposi con veemenza alla sua previsione e dissi a quella donna deliziosa che non avrei mai fatto una cosa simile. Con gli occhi della mente immaginavo una serie di soldati, agenti, facchini, ministri della chiesa e altri personaggi che sfilavano davanti a me nella loro uniforme ufficiale senza suscitare in me il benché minimo entusiasmo o attrazione. Anche se di fatto non sposai nessuno di questi personaggi, instaurai la mia prima vera relazione nella vita con una persona che indossava una "uniforme": Amma. Le sue vesti fluttuanti sono un elemento che caratterizza il suo abbigliamento secolare e migliaia di persone sono sprofondate tra quelle pieghe morbide, strette in un abbraccio consolatore.

Quando Amma tornò ad Amritapuri dall'Australia, mi misi ad aspettarla con molti altri vicino alla sua casa. Avevo trovato un posticino sui piccoli gradini della cisterna dell'acqua e guardavo ansiosa l'angolo da cui sarebbe spuntata dopo aver camminato sulla banchina delle *backwater* e lungo un percorso fiancheggiato da devoti in trepidante attesa. Contrariamente ai molti che si aspettavano che Amma mi sgridasse per il mio taglio, avevo completamente dimenticato l'intera faccenda e i miei occhi erano fissi sul punto in cui sarebbe comparsa. Mi era mancata tantissimo e avevo il cuore colmo della gioia dell'attesa. Ed eccola arrivare! Guardò dritta verso di me e con la sua voce profonda disse a voce alta: "Prabha, troppi fotografi in Australia. Click, click, click. Niente di buono!". Mentre mi passava accanto, le chiesi: "Ma le foto erano almeno belle?". Amma alzò le spalle e fece una smorfia: "Non so".

Riuscite a immaginare il folle gioco di infinite proiezioni che mise in moto con quella scenetta che aveva recitato con me? Centinaia di donne che stavano aspettando impazienti di sentire un commento sul mio taglio, ci videro parlare e interpretarono le parole e i gesti di Amma come un parere negativo sulla mia acconciatura, pur non avendo capito neppure una parola del

Amma mentre mi passa accanto

nostro dialogo. Appena lei entrò nella sua camera, fui attorniata e ogni persona presentò, proiettando, la propria versione sullo scambio di battute tra Amma e me. Realizzai, su piccola scala, ciò che i maestri intendono quando dicono: "La vita non è come vi appare. Ciò che vedete è una proiezione della vostra mente".

Anche la mia vita si sta svolgendo su questo palcoscenico. È un film che appare sullo schermo bianco della pura consapevolezza, che è la mia vera natura. In questa pellicola, Amma stabilisce il mio percorso di servizio, amore e accettazione, con il suo amore puro e con i suoi insegnamenti. Vedendo la mia esistenza come uno spettacolo che avviene nella consapevolezza universale in cui sono avvolta, sono in grado di proseguire verso la verità e la beatitudine. Amma ci chiede semplicemente di essere. Essere quello che siamo, innocenti come bambini, invece di pensare a come potremmo essere. Essere, senza cercare di capire tutto, sapendo nel nostro cuore che siamo una scintilla della luce di Dio.

"A Parigi, lei era una modella", disse un giorno Amma a chi le era vicino, "ora lei sfila solo per Dio!"

29

LEZIONI DI DISTACCO

La mia mente ribolle incessante.
Bolle prese in prestito dall'umanità.
Le mie parole ne vengono sommerse e annegano.
I pensieri mi trascinano in un vortice, stordendomi,
e io sono strappata via da te.

Prabha

Quando ci distanziamo un poco dalle cose, le vediamo da una prospettiva diversa rispetto a quando sono proprio sotto il nostro naso. Nello spazio che riusciamo a mettere tra noi e la situazione, la nostra visione si amplia e s'ingrandisce. L'essere rilassati e il lasciar andare sono le espressioni che Amma usa per definire questo modo di affrontare le situazioni. La distanza che riusciamo a produrre ci permette di agire invece che di reagire a qualsiasi circostanza e di diventare degli osservatori di tutto ciò che accade nella nostra vita.

Ci vollero parecchie lezioni da Amma per risvegliare in me "l'atteggiamento del testimone" e mi sto ancora esercitando in quest'arte. Sin dall'infanzia ero abituata a reagire fulmineamente ad ogni cosa, rifugiandomi dietro barricate difensive o sferrando un attacco. L'ego decideva così il mio comportamento, mi manipolava ed ero completamente nelle sue mani.

Nel 1991, mentre vivevo all'ashram, mia figlia Lisa compì vent'anni. Per festeggiare l'evento volevo creare un biglietto di

auguri speciale da presentare ad Amma. Frugai tra i miei album di foto per trovare quella giusta. Non avendo un computer né Photoshop, dovetti realizzarlo artigianalmente. Mi sentii soddisfatta solo quando riuscii a comporre un biglietto che ritraeva Lisa che mi guardava mentre sedeva accanto ad Amma, assisa su un loto bianco. A quel punto dovevo solo aggiungere qualche frase per Amma in malayalam. Mi rivolsi a una signora indiana chiedendole di scrivere queste parole sul retro del biglietto: "Cara Amma, questa è mia figlia. Oggi compie vent'anni. Benedicila, ti prego".

Quando entrai dalla porta posteriore della capanna del darshan, Amma era già seduta sul suo piccolo seggio. Accompagnato dall'armonium, un indiano di una certa età stava cantando *bhajan* commoventi in onore del Signore Krishna. La sua voce, morbida ma possente al tempo stesso, riempiva la stanza e toccava i cuori dei devoti che avanzavano lentamente, uno dopo l'altro, per andare tra le braccia di Amma.

Ben presto anch'io mi trovai inginocchiata davanti a lei. Mostrandole con grande entusiasmo il biglietto, quasi fosse il mio bambino, sprofondai nell'abbraccio amorevole di Amma. Mi sentivo pienamente al sicuro e pensavo a come lei avrebbe

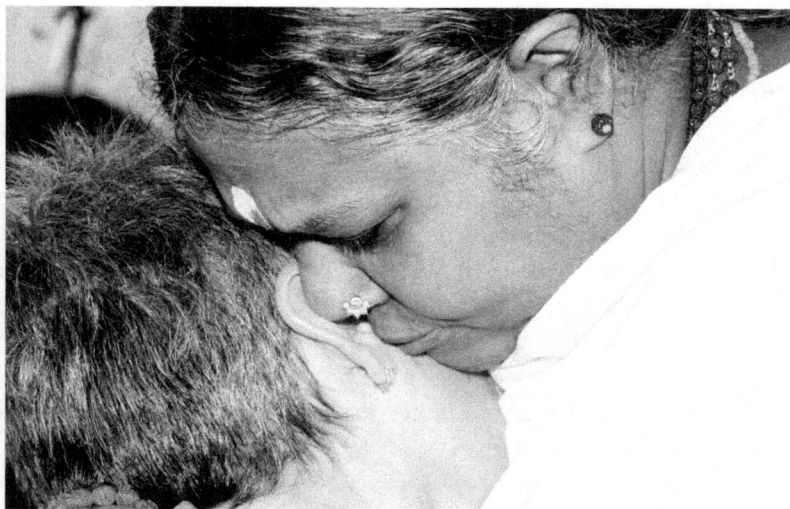

guardato la foto del biglietto e posato lo sguardo sul cuore della mia piccola Lisa, facendole sentire la sua benedizione.

Improvvisamente fui strappata dal mio sogno ad occhi aperti quando Amma, dopo avermi sciolta dall'abbraccio, agitò il biglietto sotto il mio naso e con un tono di voce distaccato chiese: "Prabha, chi è questa donna?". Ero sconcertata. Nella confusione più totale, il mondo era divenuto per me incomprensibile. In una frazione di secondo aveva distrutto il mio scenario di compleanno. Senza parole, sprofondai in un abisso di autodistruzione. Non aveva letto il biglietto? Non l'aveva capito? Non l'aveva visto? Mio Dio, cosa c'era che non andava? Le parole che avevo scelto? La foto? Il mondo intero? O Amma? Mi inginocchiai davanti a lei. Mi sembrava di essere inchiodata, incapace di muovermi o di proferire parola. Sentii come mi allontanava gentilmente da lei, ma con fermezza. Mi incamminai verso l'uscita a passi incerti, mi sedetti sulla sabbia, mi appoggiai alle pareti di legno della capanna, gridando il mio dolore. Continuai a gridare nella più totale confusione finché l'angoscia per quello che era successo si trasformò in pace.

La quiete pervase il mio animo travagliato e in quella quiete riuscii ad avvertire la trasformazione prodotta dalle sue parole nel mio rapporto con Lisa. Amma aveva cambiato la mia prospettiva e per la prima volta vidi mia figlia come una giovane donna indipendente che intraprendeva il suo viaggio nella vita e non più come la mia bambina. Amma aveva reciso il cordone ombelicale ormai inappropriato che mi legava ancora a mia figlia, mostrandomi l'attaccamento emotivo che nutrivo ancora per Lisa. Quell'attaccamento era inadeguato rispetto alla situazione che stavo vivendo e alle aspirazioni mie e di mia figlia. Nel suo modo unico, Amma mi aveva aiutata a lasciarla andare, dandomi la possibilità di mettere il benessere di mia figlia nelle sue mani, nelle mani della vita stessa.

Amma lavora sempre su di me, non solo quando sono in sua presenza. Diversi anni dopo mi trovai in una situazione analoga. Mi trovavo nella seconda casa che la mia famiglia aveva nella riviera italiana e stavo trascorrendo alcuni giorni d'estate con mio padre novantenne. Amma era in tour, in America. Avendo problemi di salute, mio padre assumeva farmaci anticoagulanti. Per tutta la vita si era lanciato in imprese spericolate per attrarre la mia attenzione e io, inquieta, gli gironzolavo attorno, pregandolo di smettere. Immagino che si sentisse amato e accudito quando mi comportavo in quel modo perché lo faceva abitualmente. Questa volta lo trovai in pantaloncini corti, in piedi vicino alle agavi reali che crescevano in un angolo del giardino. Voleva tagliare uno di quegli enormi cactus spinosi con una sega. Chiunque conosca queste piante sa come siano affilate, pericolose e velenose le grandi spine che si trovano lungo i bordi delle foglie carnose. Le gambe nude di mio padre percorse da vene blu si trovavano a pochi millimetri dalle spine.

Non appena lo vidi, tutto si svolse come da copione. Fui assalita dalla paura per quello che gli sarebbe potuto succedere e in un millesimo di secondo la mia mente creò numerose scene di possibili incidenti e urlai: "Ti prego, vieni subito qui! Lascia che me ne occupi io. Lascia perdere questo lavoro pericoloso!". Il mio cuore batteva all'impazzata, ma mio padre rise. Mi precipitai in casa e sprofondai nella grande poltrona cercando di calmarmi. Afferrai il libretto dell'*archana* e mi misi a parlare ad alta voce con Amma: "Amma, per anni ho cercato di essere composta e distaccata, ma ho miseramente fallito. Quando mio padre mi fa sentire così tanto in ansia, mi sento sopraffatta. A cosa servono tutti questi insegnamenti? Perché non mi aiuti?".

Per calmarmi, iniziai a recitare lo *Sri Lalitha Sahasranama*, i Mille nomi della Madre Divina, quando sentii una voce forte e vicina dirmi: "Lui è il signor Gerber". Quelle parole chiare penetrarono nel mio animo inquieto. Qualcosa stava succedendo nella mia mente. Tutto a un tratto il legame emotivo tra me e mio padre cambiò registro e si spezzò quel vincolo caratterizzato dall'ansia che mi legava a lui sin dall'infanzia. Adesso mio padre era il signor Gerber, uno dei tanti esseri umani, uno dei tanti padri, una vita tra le tante. Amma mi aveva dato l'opportunità di mettere una certa distanza, di avere fiducia e di amare mio padre così com'era, di lasciargli fare quel lavoro in giardino, permettendomi di recitare l'*archana* seduta in poltrona. Una presenza più grande di me pervase ogni angolo della casa, aleggiando sulle dolci colline, sul mare e sul giardino vicino a mio padre. La Grazia della Madre aveva sciolto il nostro vecchio groviglio. Mi sentivo in pace,

liberata dalla responsabilità piena di ansia che mi ero assunta fin da piccola. Stavo recitando i mantra quando mio padre entrò in casa stupito: si aspettava che fossi in giardino a salvarlo, mentre invece ero in casa. Anche lui, come me, era stato trasformato. Il vecchio copione era diventato inutile, non avendo più senso.

Io e lui stavamo spesso seduti assieme in silenzio, godendo della vicinanza reciproca, parlando dei vecchi tempi e dei nostri sogni. Riconosco che lui abbia sofferto perché non ha mai capito la mia vita con Amma. Anche se era stato tra le braccia di Amma

molte volte e aveva ricevuto una mela a ogni darshan, diceva sempre: "Io sono un materialista e tu una mistica".

Mio padre venne a mancare tre anni dopo. Qualche giorno prima di lasciare il corpo fu in grado di toccare con mano perché Amma è per me quanto di più importante e prezioso io abbia. Amma gli apparve una notte e gli fece capire che anche lui era immerso nel suo Amore. Mio padre sentì la leggerezza dell'essere, il cuore si aprì alla verità che sarebbe sempre stato al sicuro, nella pace e nell'amore. Poco dopo esalò il suo ultimo respiro.

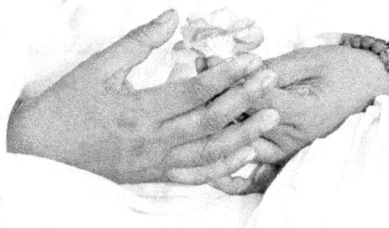

30

RITORNO IN SVIZZERA

Dopo aver vissuto diciassette anni ad Amritapuri, mi resi conto che dentro di me vi era un silenzioso desiderio che acquistò sempre più forza fino a concretizzarsi. Volevo tornare a vivere in Svizzera e mettere in pratica i valori che Amma mi aveva insegnato in tutti gli anni trascorsi con lei. Inoltre non vedevo l'ora di fare la nonna dei miei nipotini. Ero pronta a separarmi fisicamente da Amma perché adesso riuscivo a sentire la sua presenza dentro di me. Questi erano per me i presupposti sui quali iniziare una nuova vita in Svizzera, sapendo che sarei sempre stata accolta a braccia aperte ad Amritapuri in qualsiasi momento. Avevo in programma di far nascere un gruppo di *satsang* nella mia città natale e, grazie ad Amma, appresi come insegnare la sua tecnica di meditazione IAM.

Decisi così di rimanere nell'ashram durante il tour di Amma nell'India del Nord e organizzare il mio rientro in Svizzera. Tra l'altro dovevo anche procurarmi vari utensili e oggetti per il culto, le piccole *puje* e l'altare della mia nuova casa. Avrei spedito per via aerea i libri, i video e alcuni oggetti personali e preso congedo da Amma durante la mia sosta a Delhi, dove lei avrebbe tenuto un programma. Il *pujari* principale dell'ashram mi aiutò a scegliere un piatto di ottone per l'*arati* (rituale nel quale si fa ondeggiare la fiamma al termine della *puja*, bruciando la canfora come offerta). Mi diede inoltre anche molti altri oggetti per la *puja* che avevano

196

usato nel Kalari per lungo tempo e che erano impregnati dell'energia di quel luogo veramente speciale. Una *brahmacharini* mi donò la campanella utilizzata per parecchi mesi durante i suoi atti di culto quotidiano che officiava in uno dei templi *Brahmasthanam* consacrati da Amma.

L'unica cosa che mi restava ancora da apprendere era l'arte di usare correttamente questi oggetti rituali nella cerimonia dell'*arati*. Dovetti esercitarmi nel suonare la campanella con la sinistra, mentre con la destra facevo ondeggiare in senso orario la fiamma dell'*arati* con la canfora ardente davanti alla foto di Amma. Mi esercitai per giorni e giorni davanti al piccolo altare della mia stanza, vicino al tempio di Kali, mentre si svolgeva l'*arati* nella sala sottostante, nel tempio.

Come programmato, incontrai Amma durante la mia sosta a Delhi. L'ashram, situato nei sobborghi di Delhi, traboccava di folla.

Il tempio *Brahmasthanam* ideato da Amma, in cui lei aveva consacrato e installato la divinità, è il cuore di questo luogo sacro. Durante il giorno si eseguono diverse *puje* e molti progetti caritatevoli di Amma sono stati iniziati qui. Mentre si faceva buio, sedevo serena sul tetto piatto dell'ashram, pensando alla mia partenza e al mio nuovo inizio. Potevo udire il rumore della città

Puja di Saturno

vicina: i clacson delle auto, il rombo dei motori e il latrato lontano di un gruppo di cani randagi. Piena di pace celestiale, sedevo proprio nel bel mezzo dei rumori notturni di una grande città!

Faceva fresco. Sotto di me, al piano terra dell'ashram, le fiammelle di innumerevoli lampade a olio luccicavano in un mare di sari colorati. Centinaia di persone sedute vicine le une alle altre stavano svolgendo un rito molto suggestivo guidato da Amma. Immerse nel momento presente, avevano dimenticato se stesse e la loro stessa presenza era già una preghiera. Le lampade a olio e la folla erano avvolte da una bellezza indescrivibile, dalla semplicità

e dalla luce. Poi la voce di Amma irruppe nella notte e nel manto nebbioso di smog che nascondeva le stelle. Amma stava cantando: "*Bhakti do Jagadambe, prem do Jagadambe*", ovvero "Concedimi la devozione, Madre divina, concedimi l'Amore". Amma irradiava un campo di energia sempre più vasto che guariva e apriva i cuori

rendendoli ricettivi, permettendo così all'amore e alla compassione di risvegliarsi nell'animo degli esseri umani.

Dopo aver atteso a lungo in fila, mi trovai finalmente davanti ad Amma per ricevere l'ultimo darshan, prima di partire per la Svizzera. Era felice di vedermi e afferrò la campanella che le porgevo, la baciò e cominciò a suonarla. Mimandolo, fece ondeggiare il piatto dell'*arati* con la mano destra e celebrò l'*arati* davanti a me, proprio come io mi ero ripetutamente esercitata la sera di fronte al mio altare nell'ashram.

Osservarla mi emozionò e ubbidendo a un impulso le presi gentilmente la campanella dalla mano. Adesso toccava a me compiere quel rituale: suonai armoniosamente la campanella con la sinistra, mentre con la destra mimavo di compiere un cerchio sempre più alto, fin oltre il capo di Amma, con la fiamma.

In quel momento sentivo che lei era l'energia divina che pervade ogni cosa su questa terra, riempiendo l'intero universo, e che è senza principio né fine. "Oh, oh, oh" esclamò Amma, riportandomi con i piedi per terra; posai lentamente la campanella e il vassoio nel suo grembo. In tal modo presi congedo da lei.

Dopo quella meravigliosa benedizione feci ritorno in Svizzera pronta a cominciare un'altra fase della mia vita. La fiamma dell'*arati* mi accompagnò nel mio nuovo inizio. Mi sentivo trasportata tra le braccia dell'Amore, che aveva creato uno spazio prezioso in me, simile a uno scrigno che custodiva un diamante inestimabile, impartendo una direzione e uno scopo alla mia vita.

Adesso ero consapevole che è dentro di me che deve avvenire il vero darshan.

La vera libertà dimora
DIETRO le storie
scritte dalla vita.

Prabha

31

LA STATUA

L'ego è un velo che copre il maestro interiore.
Ma una volta scoperto in voi questo maestro,
lo incontrerete ovunque nel creato.
Lui vi mostrerà che siete parte del tutto.
Ogni granello di sabbia, ogni spina,
ogni onda del fiume vi aiuterà
ad esserne consapevoli.

Amma

Le Scritture dichiarano che un vero ricercatore vede il mondo intero come il corpo del Maestro e che è sempre pronto a servire sia il singolo che la totalità. Cosa vede Amma mentre ci dedica ogni momento del giorno, quando guarda i nostri corpi? Lei vede ogni cosa che vediamo noi, ma al tempo stesso vede attraverso le cose. Ciò che vede non può essere compreso dalla nostra mente razionale. La sua visione nasce da uno stato di perfetta quiete.

Dalla dimensione elevata in cui dimora, Amma ci dice:

"Tutto ciò che è nel mondo esiste per insegnarci qualcosa.
La vita è come una mola che leviga l'ego in modo che il
meraviglioso diamante che giace dentro di noi possa bril-
lare. Quel diamante è la vostra vera natura, la Coscienza
divina. Pertanto, con rinnovato impegno vivete ogni
giorno cercando di scoprire il silenzio e la quiete pre-
senti oltre il chiacchierio della mente. Amma vi mette

*ripetutamente alla prova affinché il vostro sé interiore
risplenda sempre più. Purtroppo voi fallite nella grande
maggioranza dei casi perché i test di Amma non sono
come le prove scritte dell'università. La vita stessa crea
tali prove. Quando nasce in voi la collera o perdete la
pazienza, pensate che potrebbe essere un test di Amma".*

Non era passato molto tempo dal mio rientro in Svizzera quando
Amma mi inviò una prova sotto forma di una grande statua di filo
metallico che apparve un bel giorno nella veranda dei miei vicini.

"Oh no!", pensai subito, nel vedere quella figura femminile in
filo metallico mentre un mattino sedevo per meditare, "questa
cosa mostruosa rovina il panorama, nasconde buona parte di
questo cielo incantevole e, nella bellezza naturale che mi circonda,
è come un pugno in un occhio. Che tristezza! Che stupidità!"

Nei giorni successivi, il tema delle mie meditazioni era
quell'ospite indesiderato sulla veranda dei vicini invece che la
ricerca della mia vera essenza. I miei pensieri si ribellavano e

continuavano a volare alla veranda. La mia mente era talmente fuori controllo che non potevo non notare il suo tumulto. Sconcertata e piena di vergogna, confessai a me stessa che quell'insieme di fili metallici era capace di guastare la mia concentrazione.

"Novellina", dissi a me stessa, un po' per scherzo e un po' sul serio, "sei caduta nella trappola e il tuo ego esulta". Immaginai come Amma avrebbe riso di me, senza però smettere di amarmi. All'improvviso mi venne un'idea: perché non trasformare quella donna alta e solitaria in Amma? Amma che guarda nel mio appartamento. Amma che guarda il fiume che scorre di sotto, Amma che è venuta ad abitare qui, sotto il grigio cielo invernale di Berna.

Non appena battezzai la nuova vicina come Amma, il mio rituale mattutino cambiò. Amma era vicina a me, mi guardava dalla finestra e mi sorrideva. Iniziai a includere nella mia vita la statua che si stagliava nella fredda aria invernale, presi ad amarla e a utilizzarla per concentrarmi durante la meditazione.

Un giorno mi svegliai come di consueto alle prime ore del mattino quando notai un chiarore insolito nella semi oscurità dell'alba. Man mano che aumentava la luce con il passare delle ore, vedevo i tetti coperti di neve e i rami degli alberi del giardino imbiancati. Sentii un'immensa gioia quando più tardi, seduta sul mio cuscino da meditazione, guardai "Amma". L'inverno le aveva posato una sciarpa bianca di neve sulle spalle e un grazioso berretto sulla testa. Nei giorni seguenti, il tempo che trascorremmo insieme fu una grande benedizione! La statua di filo metallico che aveva così disturbato la mia mente, adesso era la mia compagna silenziosa e questa trasformazione era avvenuta grazie a un mio semplice cambio di prospettiva. Dopo poco tempo, in febbraio, lasciai questa compagna per andare nell'ashram di Amma in India.

Tornai dall'India dopo alcuni mesi, in una notte di primavera. Non vedevo l'ora di sedermi per meditare e guardare Amma che mi aspettava sul balcone, ma ricevetti un brutto colpo: non c'era più. Era sparita. La sua assenza mi provocò un dolore acuto. Mi sentivo delusa e abbandonata perché la sua partenza aveva lasciato un gran vuoto nella mia routine giornaliera. E cosa fece allora la mia costante compagna, la mente? Si lamentò amaramente per la perdita di quell'opera d'arte, così come aveva detestato la presenza della statua quando era apparsa. Che avessi perso la ragione? Potevo sentire Amma ridere di cuore per la mia stupidità. Ero d'accordo con lei e cominciai anch'io a ridere della grande burlona che era nella mia testa: la mente.

Per causa sua, Amma mi ha sottoposto a numerose prove. Ogni test mi aiuta a trasformare il fardello del mio ego in un salvagente per traversare a nuoto l'oceano della vita. Come una buona nuotatrice, sto imparando a giocare con le onde e a divertirmi mentre mi lascio trasportare da loro. Sto imparando a essere una nuotatrice che ama l'oceano e le onde, capace di affrontare una tempesta, e che spera sempre che la sua mente imbrogliona diventi infine una docile serva. Un giorno questa serva imparerà ad aspettare fuori quando in me scenderà la quiete.

Questa storia dimostra che ogni esperienza può arricchirci quando la osserviamo attraverso lenti corrette. Una cosa è certa: il mio tesoro si nasconde dietro la facciata dell'ego. Per scoprirlo ho bisogno di Amma, che mi aiuterà a scegliere il giusto paio di occhiali e mi insegnerà ad avere una visione chiara di questo mondo.

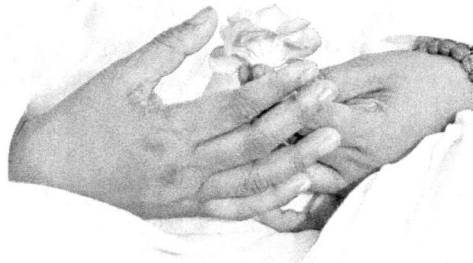

32

Pepite d'oro

Vieni, mia Amma dalla carnagione scura,
vieni mia Amma, struggimento d'amore sempre nuovo,
ridi con me, piangi con me,
porgimi la mano.
Nel grembo del tuo Essere
sono trasformata andando oltre me stessa,
nell'infinito tuo Sé,
benedetta per l'eternità.

Prabha

Perché in ogni parte del mondo migliaia di persone si sforzano
d'integrare le parole di Amma e i suoi insegnamenti spirituali
nella propria vita? Perché ci sentiamo attratti da lei come la
limatura di ferro da un magnete? Non voglio annoiarvi con una
risposta scontata. Com'è possibile, per chiunque, comprendere il
mistero di Amma senza diventarlo a sua volta? Ricordo tuttavia
che Amma dice spesso che la vita è un gioco. Io amo i giochi,
soprattutto quelli misteriosi, e a tal riguardo ricordo questa storia.

Osservavo la mia nipotina giocare con un giocattolo realizzato con bottoncini di tanti colori. Aveva scoperto che questi
bottoncini erano attaccati a magneti e che potevano attrarsi
o respingersi tra loro. Assorbita dalla sua scoperta, sentii che
diceva: "Questo è il polo nord, quello il polo sud". Affascinata, la

osservavo scoprire che i poli identici si respingono e quelli opposti si attraggono. Con l'occhio della mente immaginai un polo luminoso che incorpora entrambi gli opposti, il nord e il sud, ed invia continuamente onde di amore, di pace e di compassione a tutti gli esseri umani.

Questo polo è Amma e in ogni persona vedo una sua piccola scintilla. Non c'è dunque da stupirsi se siamo tutti così attratti da lei, che ci sprona a far emergere il bene interiore più prezioso. Amma afferma:

"L'obiettivo primario della vostra vita è trovare nel vostro cuore il tesoro della verità eterna e della pace duratura. Se cercaste questo tesoro all'esterno, sarebbe come

*svuotare l'oceano per catturare un pesce. Solo dentro
di sé è possibile scoprire il tesoro di una pace duratura".*

Ecco perché siamo tutti alla ricerca del tesoro, cercatori d'oro
nel nostro sé interiore. Rimuoviamo vecchie ragnatele che non
ci appartengono, ci sbarazziamo di abitudini e di condizionamenti, scaviamo e cerchiamo con grande concentrazione, come
i cercatori d'oro nei vecchi film americani. Se continuiamo nella
nostra opera, potremmo imbatterci in minuscole pepite d'oro che
ci infondono speranza, spronandoci a non smettere di scavare e a
continuare a credere nell'esistenza di una miniera d'oro.

Amma è maestra nel distribuire questo prezioso tesoro. A
volte ci lascia intravedere questo oro d'inestimabile valore, così
che seguitiamo la nostra ricerca interiore, ed è felice quando
riusciamo a integrare nella nostra vita ciò che abbiamo trovato
facendolo brillare.

Uno dei miei ricordi più preziosi è una vicenda che si svolse
una notte di Devi Bhava del tour europeo. Stavo di fianco ad
Amma e facevo accomodare le persone in attesa di ricevere un
mantra su una sedia vicino a lei. Appena Amma era pronta a
impartire il mantra a un devoto, le sussurravo all'orecchio la
figura divina che lui aveva scelto. Svolgevo questo *seva* da quasi
mezz'ora in modo piuttosto caotico. Amma cominciò a rimpro-
verarmi e disse qualcosa a Ghita, la sua aiutante. Mentre immaginavo la mia rovina imminente, Ghita si volse verso di me e mi
disse: "Amma dice che ti piace essere rimproverata da lei". Amma
mi guardò con aria interrogativa mentre teneva una donna tra
le braccia e vidi in un flashback centinaia di situazioni in cui mi
aveva sgridata. Sì, in effetti avevo iniziato la mia carriera come
fotografa con Amma che mi diceva: "Puoi essere la mia fotografa
e devi continuare a fare il tuo lavoro anche se ti sgrido". Mi aveva
quindi avvertita e i suoi rimproveri erano diventati una sorta di
contatto intimo tra di noi. Rivolgendomi a Ghita, risposi: "Mi
piace essere rimproverata da Amma perché così almeno mi parla
direttamente e senza intermediari".

Ghita tradusse le mie parole e con un sorriso Amma disse: "Prabha ha qualche rotella fuori posto!". Sentendomi incoraggiata, risposi: "Amma, nella mia prossima vita voglio parlare la tua stessa lingua".

Mentre veniva tradotto ciò che ci dicevamo e Amma mi guardava con occhi pieni d'amore, Ghita disse: "Amma dice che la sua lingua è la lingua del cuore. Quando la impari, le altre lingue non hanno più importanza per te". Amma mi fece molto felice con questo nostro scambio di frasi, aveva gettato una pepita d'oro sul mio cammino. Soffrivo della differenza linguistica e della mia incapacità d'imparare il malayalam, la lingua nativa di

Amma, e tutta questa mia sofferenza si sciolse nel linguaggio del cuore, privo di parole.

Un'altra vicenda che mi è particolarmente cara avvenne poco tempo dopo, durante il mio soggiorno in India. Speravo di trascorrere serenamente un po' di tempo all'ashram. Non stavo avendo conflitti interiori, nessuna gelosia né sentimenti d'inferiorità che potessero insinuarsi furtivi e minare la mia pace. Anche in questo caso, dopo quattro settimane di astinenza da darshan, cominciai a ripetere il solito ritornello, frutto della mia gelosia, nei confronti di quegli indiani che potevano parlare e ridere con grande facilità con Amma.

Darshan

Decisi di andare al darshan. Dopo aver ricevuto il biglietto, mi sedetti in fila e attesi il tempo necessario per avvicinarmi ad Amma. Invece di lasciarmi distrarre dalle varie prove, note solo a chi è in fila per il darshan, mi misi a pensare all'esperienza meravigliosa che avrei avuto con Amma che mi attendeva al termine della coda.

Chiusi gli occhi e sussurrai a me stessa: "Solo Amma e io, solo Amma e io". In quel modo attraversai tutti gli ostacoli senza alcun pensiero che mi distraesse, persino quello che bisognava pulirsi il viso con metà fazzoletto di carta! Ero ormai vicinissima ad Amma quando all'improvviso mi chiesero: "Prabha, quale lingua parli?". Senza neppure sollevare la testa o riflettere, risposi molto spontaneamente: "Tutte tranne il tedesco". L'attimo dopo ero scomparsa tra le braccia di Amma. La sentii sussurrare: "Ma, ma, maaa, mole, mole, mole, my daughter, my daughter, my daughter, darling, darling, darling". Quando Amma arrivò a "ma chérie, ma chérie", stavo morendo dal ridere. Mi sciolse dal suo abbraccio e anche i suoi occhi stavano ridendo mentre mi poneva una domanda. Dopo la mia risposta, mi riabbracciò e mi sussurrò altre domande nell'orecchio. Le risposi nell'orecchio e poi fui io a farle una domanda. Amma mi sussurrò nell'altro orecchio e andammo avanti così, come l'avevo vista fare con gli indiani che parlano malayalam. Non chiedetemi però in quale lingua parlammo. Senza dubbio fu la lingua del cuore perché non provai né timidezza né esitazione, completamente abbandonata a quel meraviglioso senso di intimità.

Quando mi allontanai con il sacchettino di cenere sacra, la caramella e una banana in mano, i miei piedi sfioravano appena il pavimento. Mentre cercavo di dirigermi, vacillando, verso uno sgabello su cui sedermi, le persone intorno ad Amma mi chiesero: "In che lingua parlavi ad Amma? Anch'io avrei desiderato parlarle in quel modo". Mi sedetti in fondo al palco, chiusi gli occhi e ripetei: "Solo Amma e io" per riuscire a centrarmi. Mangiare la caramella del *prasad* non mi aiutò molto. Solo dopo che ebbi mangiato la banana riuscii finalmente ad aprire gli occhi, a scendere dal palco e a tornare nella sala.

Non avrei mai immaginato che così tanta gente avesse visto il mio darshan e mi avrebbe fermata per farmi domande. Grazie agli enormi schermi, tutti quelli che erano seduti nella sala con lo sguardo fisso su Amma avevano visto l'intera scena. Per sfuggire a tutte quelle domande decisi di dare la buccia di banana, che era stata tra le sacre mani di Amma, a una delle mucche dell'ashram. Non riuscivo proprio a buttarla nel bidone dell'umido. Ha dell'incredibile, ma qualcuno che camminava aiutandosi con un bastone mi seguì fino alla stalla delle mucche per farmi domande sul mio darshan. Come avevo detto agli altri, le ripetei che si trattava di una conversazione privata ed era per questo che Amma mi aveva sussurrato qualcosa all'orecchio.

Il ragazzo occidentale che accudiva le mucche e che stava dando loro il foraggio, non riusciva a credere ai propri occhi quando mi vide arrivare con la piccola buccia di banana. Mi fece cenno di andare dalla mucca più grande. Ancora sotto l'influenza delle "pepite d'oro" di Amma, mi avvicinai alla mucca senza paura e lei prese la buccia dalle mie mani. Infine mi rifugiai sul tetto del tempio per restare da sola con la mia gioia.

Col passare del tempo ho capito come Amma abbia abilmente utilizzato la nostra "conversazione" non solo per operare su di me, ma anche su tante altre persone che ci stavano guardando. Con maestria aveva creato la scena del "sussurro nell'orecchio" per raggiungere quanta più gente possibile nel loro intimo. Così facendo, entra in contatto con l'anima delle persone perché prendano coscienza degli ostacoli sul loro cammino interiore verso il prezioso tesoro. Quando Amma lavora su di noi lungo il nostro cammino, credo che non si limiti a rimuovere qualche problema che abbiamo come individui, ma penso che, con la sua presenza e le sue azioni, attivi un processo che ci porta ad essere consapevoli dei nostri impedimenti interiori. Ci mette dinanzi alle nostre difficoltà in modo che non continuiamo a restarne intrappolati,

ma facciamo una piccola pausa per prestare loro attenzione e osservarle. In tal modo gli ostacoli e gli imprevisti si trasformano in un'occasione fruttuosa per affrontarli ed elaborarli, mettere in pratica gli insegnamenti spirituali e così crescere.

Amma dice:

"Solo una persona aperta ad accogliere la verità del Sé può essere veramente felice. La grazia di Dio e gli insegnamenti fluiranno come in una danza verso chi riuscirà ad essere un tutt'uno con qualunque cosa la vita gli presenti".

Amma e io abbiamo scattato assieme questa foto

E credetemi, costui troverà sempre pepite d'oro lungo il proprio cammino. Queste pepite si possono trovare ovunque, non solo alla presenza fisica di Amma: potremmo incontrarle inaspettatamente mentre passeggiamo in città, siamo sull'autobus, al lavoro, ci inerpichiamo su una collina ripida o contempliamo il cielo stellato. Sono sempre lì, in ogni angolo della Terra. Le scoprirete ovunque voi siate, purché completamente presenti: nei campi, nei boschi, in montagna, nelle valli, nelle oasi e nel deserto. Questo è possibile perché l'oro di Amma è sparso per tutto l'universo, in ogni dove.

Amma mi chiamò da dove si trovava, sui gradini della scala che porta alla sua stanza. Indicandomi il mare di facce sorridenti in fondo alla scala, prese la mia macchina fotografica e me la mise davanti agli occhi. Non dovevo che mettere a fuoco e fare "clic" ed ecco il risultato!

33

EPILOGO

Cari lettori,
ho condiviso parti della mia vita e molte esperienze personali
avute con Amma nelle pagine di questo libro. La mia intenzione
era darvi un'idea dei miei primi anni trascorsi nell'ashram con
Amma attraverso immagini e storie e condividere il modo in
cui lei ha lavorato e continua a lavorare su di me in questo mio
cammino che porta al Sé, alla libertà.

Desidero sottolineare che le mie parole non cercano assolutamente di definire Amma. Amma stessa ha detto: "Se volete
conoscermi, dovete diventare me".

Penso che ogni persona veda Amma attraverso la propria visione e prospettiva individuale. Tutte le persone hanno una loro immagine di Amma, un loro modo di relazionarsi con lei. Ma per tutti noi, nel profondo del nostro cuore, lei è la nostra stessa essenza, la Coscienza divina che vive in noi e attende di poter risplendere.

> *Il Maestro è come un fiume. Una volta dentro, la corrente vi condurrà inesorabilmente al mare. Occorre coraggio per tuffarvi in un fiume impetuoso e il fiume non vi costringerà a farlo. Lui è semplicemente lì, che scorre e accoglie.*

Amma

Che tutti noi possiamo fluire verso la luce della Verità che brilla nei nostri cuori. Che la Grazia divina e l'Amore di Amma ci accompagnino sempre in questo viaggio!

OM AMRITESHWARYAI NAMAH

218

GLOSSARIO

Acchamma: nonna, la madre paterna.

Acchan: padre in malayalam, la lingua del Kerala.

Amritapuri: la sede dell'ashram principale di Amma, situata nel luogo natale di Amma, in Kerala, India.

Arati: eseguita tradizionalmente al termine del culto, questa cerimonia rituale consiste nell'ondeggiare della canfora accesa dinanzi all'oggetto di adorazione. L'*arati* simboleggia l'abbandono. Come la canfora brucia senza lasciare traccia, così l'ego si dissolve quando ci si abbandona al guru o a Dio.

Archana: "offerta per l'adorazione". Forma di culto in cui si recitano le litanie di una divinità. Solitamente i nomi recitati sono 108, 300 o 1.000.

Ashram: "luogo in cui si compiono degli sforzi". Luogo visitato o abitato dai ricercatori spirituali che intendono condurre una vita spirituale e intraprendere una pratica spirituale. In genere si tratta della casa di un maestro spirituale, di un santo o di un asceta, che fa da guida agli aspiranti.

Aum (anche OM): secondo le Scritture vediche, l'AUM è il suono primordiale dell'universo e il seme della creazione. Tutti gli altri suoni nascono dall'AUM e ritornano nell'AUM.

Bhajan: canto devozionale.

Bhava: stato divino, attitudine o stato.

Brahmachari (masc.)/ **Brahmacharini** (femm.): un/a discepolo/a celibe che pratica discipline spirituali sotto la guida di un maestro.

Darshan: incontro con o visione del Divino o di una figura divina.

Devi Bhava: stato divino, lo stato in cui Amma rivela la sua unità con la Madre Divina.

Dhoti: pezzo di stoffa drappeggiato intorno alla vita, indossato dagli uomini.

Homa: rituale del fuoco sacro.

Kalari: il tempietto dove Amma teneva abitualmente i Krishna e i Devi Bhava darshan agli albori dell'ashram e dove ogni giorno si conducono le *puje*.

Kali: "la Scura", una forma della Madre divina. Può incutere terrore perché distrugge l'ego.

Karthika: la stella natale di Amma.

Krishna Bhava: lo stato in cui Amma rivela la sua unità con Krishna.

Lila: gioco divino.

Mahatma: Grande Anima. Quando Amma utilizza la parola "*Mahatma*", intende un'Anima Realizzata.

Mantra: formula sacra o preghiera da ripetere il più spesso possibile. Uno strumento per aumentare la concentrazione di un individuo e risvegliare il potere spirituale dormiente.

Murti: statua devozionale per il culto.

Namaha: parola sanscrita che significa "mi inchino".

Pitham: seggio.

Prasad: offerta benedetta o dono ricevuto dalla mano di un Maestro.

Puja: rituale.

Pujari: persona che esegue un rituale.

Samadhi: unità con Dio. Stato trascendentale in cui si perde completamente il senso dell'identità individuale.

Sankalpa: risoluzione divina.

Satsang: essere in compagnia di un *Mahatma* o ascoltare un discorso o un dibattito spirituale.

Seva: servizio disinteressato.

Sri Lalitha Sahasranama: i 1000 nomi di Devi, la Madre Divina.

Vasana: tendenze latenti o desideri sottili presenti nella mente, che si manifestano come azioni o abitudini.

Vibhuti: cenere sacra.